國學特訓班

原來

歷史是這樣

皇帝上朝

程　琳 ◎ 著
熊慧賓 ◎ 繪

五南圖書出版公司 印行

本書出場人物

 劉禪
 趙桓
 愛新覺羅・胤禛
 桓玄
 朱高熾

 劉彧
 高延宗
 蕭寶卷
 蕭衍
 王延羲

 李存勗
 楊廣
 朱由校
 愛新覺羅・玄燁
 忽必烈

 劉邦
 石勒
 愛新覺羅・載淳
 劉裕
 朱元璋

 嬴政
 朱翊鈞
 朱由檢
 曹操
 劉宏
 李适

中國古代歷史朝代表

五帝	**夏**	**商**	**西周**	**東周** 春秋→←戰國
五帝 約前30世紀初—約前21世紀初	夏 約前2207—約前1766	商 約前1765—約前1122	西周 約前1121—前771	春秋 前770—前403 戰國 前403—前221
秦	**西漢**	**東漢**	**三國**	**西晉**
秦 前248—前207	西漢 前206—8	東漢 25—220	三國 魏 220—265 蜀漢 221—263 吳 222—280	西晉 265—316
東晉	**五胡十六國**	**北朝**	**南朝**	**隋**
東晉 317—420	五胡十六國 304—439	北朝 386—581 （政權有：北魏、東魏、西魏、北齊、北周等）	南朝 420—589 （政權有：宋、齊、梁、陳）	隋 581—618

唐	五代	十國	北宋	南宋
唐 618—907	五代 907—960	十國 902—979	北宋 960—1127	南宋 1127—1279

遼	西夏	金	元	明
遼 907—1125	西夏 1032—1227	金 1115—1234	元 1206—1367	明 1368—1644

清
清 1636—1911

中國古代朝代口訣

60 個字將「中國古代朝代」全概括

三皇五帝始，堯舜禹相傳；

夏商與西周，東周分兩段；

春秋和戰國，一統秦兩漢；

三分魏蜀吳，兩晉前後延；

南北朝並立，隋唐五代傳；

宋元明清後，皇朝至此完。

目錄 contents

01.
Hi，廢物皇帝！
- 劉禪 002

02.
Hi，倒楣皇帝！
- 趙桓 012

03.
Hi，賣萌皇帝！
- 愛新覺羅‧胤禛 ... 022

04.
Hi，胖皇帝！
- 桓玄 030
- 朱高熾 033
- 劉彧 036
- 高延宗 039

05.
Hi，貪玩皇帝！
- 蕭寶卷 044
- 蕭衍 047
- 王延羲 050
- 李存勖 053

07.
Hi,「學渣」皇帝！

- 劉邦 ………………… 072
- 石勒 ………………… 075
- 愛新覺羅・載淳 …… 078
- 劉裕 ………………… 081
- 朱元璋 ……………… 084

06.
Hi,吃貨皇帝！

- 楊廣 ………………… 058
- 朱由校 ……………… 061
- 愛新覺羅・玄燁 …… 064
- 忽必烈 ……………… 067

08.
Hi,「愛寫遺詔」皇帝！

- 嬴政 ………………… 088
- 朱翊鈞 ……………… 090
- 劉邦 ………………… 092
- 朱由檢 ……………… 095
- 曹操 ………………… 097

09.
Hi,貪財皇帝！

- 劉宏 ………………… 102
- 李适 ………………… 105
- 李存勗 ……………… 108
- 朱翊鈞 ……………… 111

扶不起,怪朕嚜

　　俗話說,「虎父無犬子」,劉備的兒子劉禪卻是個人人皆知的反面例子。他的小名叫作阿斗,所以「扶不起的阿斗」也被用來形容不成器的庸才。

　　然而,作為三國時期在位時間最長的帝王,劉禪當真「扶不起」嗎?

　　同樣是亡國之君,又有幾人能做到像他一樣壽終正寢?

　　這「扶不起」之錯難道都怪劉禪嗎?是有人出來替他說幾句公道話的時候啦!

Hi，廢物皇帝！
原來你是這樣的皇帝

本期主角　劉禪（ㄕㄢˊ）

蜀漢末代皇帝，漢昭烈帝劉備之子，小名阿斗。景耀六年（西元 263 年），在魏國的進攻下，劉禪投降，受封「安樂公」，自此蜀漢滅亡。

在後人眼裡，劉禪天資愚笨，膽小怕事，毫無作為和政績，即使有諸葛亮這樣出色的宰相輔佐都沒用，因此後人戲稱他為「扶不起的阿斗」。

小檔案

本名	劉禪
別稱	漢懷帝、蜀漢後主、劉公嗣、阿斗
所處時代	三國
民族	漢族
出生時間	西元 207 年
去世時間	西元 271 年
在位時間	西元 223－263 年
年號	建興、延熙、景耀、炎興

媽寶

廢材
無能
只會享樂

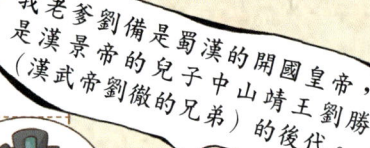

我老爹劉備是蜀漢的開國皇帝，是漢景帝的兒子中山靖王劉勝（漢武帝劉徹的兄弟）的後代。

◎ 蜀漢

三國時期的一個國家。蜀是指四川及周邊地區；漢是皇帝劉備自稱是漢朝皇室的後代，以漢作朝名。由於在此之前已有漢朝，為了區別開來，所以稱三國時期的漢朝為蜀漢。

「用功好學生」劉阿斗

自古昏君的特徵都很明顯，不是才學不濟，就是品德不佳，或者在這兩項都很差。然而我們反觀蜀後主劉禪的才學和品行，卻似乎不夠「對號入座」。

作為蜀國帝位的接班人，劉禪被寄予厚望，所受的教育自然是精英教育。知識方面，用心良苦的劉備讓頗有辯才的伊籍來教授劉禪《左傳》，又讓劉禪多讀《漢書》、《韓非子》、《六韜（ㄊㄠ）》等書來增加見識，培養政治和軍事才能。據說，諸葛亮親自抄寫書籍，而劉備在遺詔中交代，讓劉禪把那些書都熟讀、讀透。而且馬背上打江山的劉備也不忘給兒子安排體育課，讓劉禪學習騎射，期盼他能做到文武雙全。

太子，練騎射的時間到了！

《左傳》 中國古代一部敘事完備的編年體史書，先秦散文著作的代表，標誌著中國敘事散文的成熟。

《韓非子》 戰國時期思想家、法家韓非的著作總集，它是在韓非去世後，後人輯集而成的。

《漢書》 中國第一部紀傳體斷代史。斷代史是指記錄某一時期或某一朝代歷史的史書或史書體例。

《六韜》 中國古代一部著名的兵書，彙集中國古代軍事思想的精華。

劉禪也很爭氣，沒讓父親失望，學習成果可以從諸葛亮對劉禪的兩次評價中得到證明。在諸葛亮寫的〈與杜微書〉中，他評價十八歲的劉禪天資聰穎，思維敏捷，與劉備一樣仁愛，能夠禮賢下士。按照這個評價來看，劉禪非但不愚笨，還是個品學兼優的「好學生」呢！

另外，在《三國志》中，劉備臨終前寫給劉禪的遺詔裡提到了諸葛亮對劉禪的評價，說諸葛亮對另外一名臣子稱讚劉禪是個很有智慧的人，未來前途一片光明，進步空間極大。這話並不是諸葛亮直接對劉備說的，而是由第三人轉述給了劉備，可見這並不是諸葛亮的寬慰之詞，更不是奉承之語。

能得到諸葛亮多次稱讚的人，手指頭都數得出來，劉禪正是其中一個。如果劉禪真如後世大多數評價的那樣愚笨、昏庸、懦弱，那諸葛亮豈不是毫無識人之明了？很顯然是說不過去的。以劉禪表現出的才學與品德，在他成為皇帝後，只要不學壞、不「長歪」，要當個表現中等偏上的帝王，是完全沒問題的。但最終，他卻留下個「扶不起」的愚名，只怕連一向神算的諸葛亮也只看到了開頭，沒算到結局啊！

我就是智與帥的化身！

★ 諸葛亮

蜀漢丞相，傑出的政治家、軍事家、文學家、書法家、發明家，是中國傳統文化中忠臣與智者的代表人物。

謹遵遺訓保團結

在對待北伐魏國一事的態度上，劉禪展現了一定的容人之量與遠見。世人往往對諸葛亮的「六出祁（ㄑㄧˊ）山」交口稱讚，感嘆他為復興漢室江山鞠躬盡瘁死而後已，卻忽略了在大後方的劉禪也不容易。劉禪身為帝王，卻事事要聽從丞相命令，這樣的容人之量，不是每個帝王都能做到的。

六出祁山 指諸葛亮出兵北伐曹魏的軍事行動。史書上記載，諸葛亮北伐曹魏時只有兩次出兵祁山，但歷史演繹小說《三國演義》中的說法是「六出祁山」。

在劉禪看來，常年北伐難免勞民傷財，他也曾勸說諸葛亮，卻沒有被採納。雖然在北伐一事上，君臣之間有過摩擦，但劉禪最終還是選擇了全力支持諸葛亮。因為當初劉備臨終前給過他一個「八字真言」：「一切按丞相說的辦。」再加上劉禪也明白自己剛剛繼位，威信不足，處在權力中心的「老班底」還是習慣聽命於丞相諸葛亮。如果他要硬碰硬，反而會鬧得君臣不和，起了內訌（ㄏㄨㄥˋ）。況且，劉禪清楚地知道，撇開「一心執著北伐」這一點，諸葛亮確實能力極強，其餘事情都可以放心委託給諸葛亮。

等到劉禪年紀漸長，諸葛亮更是為了兵事長期停留在漢中，很少回成都，把大後方留給了劉禪去治理。蜀漢多年來窮兵黷（ㄉㄨˊ）武，卻沒有怨聲載道、民不聊生，可見劉禪這個「後勤保障」做得不錯。

窮兵黷武
意思是竭盡所有的兵力，任意發動戰爭。
例句：歷史上窮兵黷武之人最後都逃不過世人的唾罵。

Hi，廢物皇帝！ 005

諸葛亮在前方打仗，要人要糧，劉禪從沒說過一個「不」字。諸葛亮敗了，劉禪也從不苛責，反而安慰他。戰事一勝，劉禪就為諸葛亮恢復官職，態度真是無可挑剔。一直到諸葛亮去世，劉禪才立刻叫停勞民傷財的北伐，採取休養生息、無為而治的策略，慢慢恢復國力。

劉禪這個舉動十分明智。一來劉備死時，蜀國就已是三國中最弱的一國；二來諸葛亮與老一輩將領不是死了，就是老了，蜀國軍隊的戰鬥力大不如前，繼續北伐只是自尋死路。因此，在這一點上，劉禪的遠見雖稱不上驚世駭俗，卻也不是昏庸無能者能做出的決策了。

在位多年有技巧

後世笑話劉禪是「扶不起的阿斗」，很大一部分原因是認為他有諸葛亮這種名臣輔佐，最後竟然還落了個亡國的下場，簡直是朽木不可雕也。但事實上，在諸葛亮死後，劉禪穩坐了二十九年的皇位！劉禪在位四十一年，是三國時期在位時間最長的君主，沒有諸葛亮輔佐的日子是占了大部分時間的。這說明劉禪做皇帝很有自己的一套招數。

比如劉禪在處理諸葛亮身後事上的表現，就可圈可點。劉備死前囑咐劉禪要把諸葛亮當成父親對待，劉禪也許難免心有怨言，但也做到了。諸葛亮死後，劉禪也沒有像許多終於擺脫權臣控制的皇帝那樣「算總帳」，反而傷心欲絕地痛哭，率領百官出城迎回諸葛亮的棺柩。當時有大臣上書說諸葛亮的壞話，劉禪還毫不猶豫地將其處死，不容許有人在諸葛亮死後多嘴多舌，並且繼續重用諸葛亮提拔的人才，大大展現了他跟父親劉備同樣寬容仁愛的一面。

對於為諸葛亮建廟一事，劉禪最初是拒絕的，可是看了臣子有理有據的上表後，還是聽從了良言，選擇了最得體也最得人心的處理方式。先不說對於諸葛亮的死，他的痛哭有幾分真情，幾分演戲，至少他明白，如果在這時「清算」諸葛亮，雖然得了一時痛快，卻很容易讓從父輩起就效力蜀國的老臣們寒心。唯有厚待諸葛亮，他才能提高自己的個人魅力，團結臣子，保持君臣一心。

　　除此之外，劉禪趁此機會進行的政局改革，更是展現了他不俗的政治才能。諸葛亮在世時，凡事親力親為，只要打人板子判到二十下以上，都得請示他這個大丞相。全國大小事宜都要由諸葛亮過問一遍才能實行，不僅使帝權旁落，丞相獨大，還讓行政效率大大降低。劉禪早就察覺到這一弊病，所以在諸葛亮死後，他廢除了丞相制，改為重用費禕（ㄧ）和蔣琬（ㄨㄢˇ）這兩位大臣，讓兩人的權力相互交叉、牽制，進而加強皇權。

　　蔣琬死後，劉禪又將下放的權力收回，由自己直接掌控蜀國的軍政大權，一直掌管了十九年，實行與民休息，社會安定，直到蜀國滅亡。這不動干戈就完成中央集權的手段，還有執政十九年的本領，可不是一般人能做到的。

★ **費禕、蔣琬**

　　二人皆為蜀漢名臣。費禕、蔣琬與諸葛亮、董允合稱「蜀漢四相」。

「樂不思蜀」不怪他

那為什麼劉禪在歷史上的名聲這麼臭呢？這得說到讓他背上最大罵名的「樂不思蜀」一事。

樂不思蜀這個成語典故發生在劉禪投降魏國後，司馬昭宴請劉禪，刻意安排了蜀國的節目來試探劉禪。劉禪身旁的蜀國大臣看到後都難過地哭了，只有劉禪還嘻嘻哈哈的。司馬昭問劉禪想不想回自己的屬地去，劉禪回答說：「此間樂，不思蜀（我在這裡很快樂，不思念蜀國）。」因此，世人都認為劉禪沒心沒肺，而投降魏國也是因為他貪生怕死。

但劉禪真是這樣的人嗎？

《三國志》中記載，劉禪投降時，並沒有把自己當作亡國之君。他依舊保持帝王的風範，連敵國的大臣都讚嘆他的骨氣。試問歷史上有幾個亡國之君在投降時不是狼狽不堪的？能得到敵國大臣的敬佩，可不是那麼容易的事情，但劉禪做到了。

他所上的投降書，行文中也有從容之態，並將重點落在了「保全百姓性命」上。劉禪完全可以下令讓軍民抵抗到最後，多當一天皇帝是一天，最後再投降，也一樣不會死。但因為愛民，他選擇了投降，就是不想讓百姓受到傷害。

這裡有這麼多的美食，我可是一點都不思念蜀國。

樂不思蜀

比喻在新環境中得到樂趣，不再想回到原來的環境中去。含貶義。

例句：他玩遊戲玩得樂不思蜀，都忘了要早點回家寫作業。

> 模範生

劉禪投降之後，帶著一眾蜀國大臣入魏。雖然他被封為「安樂公」，卻深知自己和大臣們可能隨時都會被滅口。為了保全自己與其他蜀國大臣的性命，在面對司馬昭的試探時，他只能裝傻，表現出自己沒心沒肺。《三國志集解》中解說，劉禪思念蜀國是司馬昭不想聽到的，所以當聽到劉禪回答的是「此間樂，不思蜀」後，司馬昭大為放心，也不想著迫害他了。

如果劉禪不自毀形象，可能只怕就要和東吳的廢帝孫皓一樣，被司馬氏毒殺了。劉禪的心態極其豁達，既來之則安之，平平淡淡地把自己的餘生走完，真是亡國之君中的幸運兒了。

總結劉禪的一生，他當過「模範生」，締造過安穩的蜀國，也在亡國時刻盡到了君主保護百姓的責任。如果生在太平盛世，劉禪應該會是個「業績不錯」的君主，只怪時事和命運沒有給他茁壯成長的機會，也怪他父親的盛名太過，一對比，就顯得他格外不濟。

「扶不起」這頂帽子，對劉禪來說實在有點冤枉啊。

> 我最大的夢想是當皇帝。

★ 司馬昭

三國時期曹魏的權臣，西晉王朝的奠定者之一。西元 265 年，他病逝數月後，他的兒子司馬炎取代曹魏稱帝，建立了西晉。

Hi，廢物皇帝！ 009

這位皇帝有點衰

　　當個太子被弟弟逼迫，好不容易盼來繼位，等著他的卻是老爹不負責任留下的爛攤子！

　　戰戰兢兢在金國的鐵蹄下做著皇帝，議和不成反被俘，至死都未能重返故土！

　　悲催事占盡，從沒遇上一件好事，這就是宋欽（ㄑㄧㄣ）宗趙桓倒楣的一生。

　　讓我們來看看這位皇帝是如何一「衰」到底的吧！

Hi，倒楣皇帝！
原來你是這樣的皇帝

本期主角 趙桓（ㄏㄨㄢˊ）

宋朝第九位皇帝，也是北宋的末代皇帝。雖然是著名藝術家宋徽（ㄏㄨㄟ）宗趙佶（ㄐㄧˊ）的長子，卻沒有繼承他的半點藝術天賦。歷史上，他十分懦弱無能，優柔寡斷，對政治缺乏判斷力，聽從奸臣讒（ㄔㄢˊ）言，向金求和，最後落得被金人俘虜，受辱死在馬蹄下的下場。

小檔案

本名	趙桓
別稱	宋欽宗、趙亶（ㄉㄢˇ）、趙煊（ㄒㄩㄢ）
所處時代	北宋
民族	漢族
出生時間	西元 1100 年 5 月 23 日
去世時間	西元 1156 年 6 月 29 日
在位時間	西元 1126 年 1 月 19 日—1127 年 3 月 20 日
年號	靖康

沒才華　優柔寡斷　懦弱無能　反覆無常

◎ 宋朝

中國歷史中，上承五代十國，下啟元朝的朝代。分為北宋、南宋兩個階段，共歷 18 帝，總計 319 年。宋朝是中國歷史上商品經濟、文化教育、科學創新高度繁榮的時代，經歷二度傾覆，起因都是外患，是唯獨沒有直接亡於內亂的王朝。雖然後世對宋朝的印象是貧困弱小，但實際上，宋朝民間的富庶與社會經濟的繁榮還遠超盛唐呢！

做太子，難！

對宋欽宗趙桓來說，世界上最遙遠的距離不是生與死，而是他與老爹宋徽宗趙佶的「代溝」。他的老爹趙佶不僅是追求生活情趣的多情天子，更是一位大藝術家——琴棋書畫樣樣精通，詩詞歌賦門門在行，更創造了個性強烈、書法史上絕無僅有的「瘦金體」字體！而趙桓呢？《宋史》上說他「聲技音樂一無所好」……不懂得生活藝術，還跟父親沒有共同的愛好，父子倆怎麼溝通感情啊？

雖然趙桓「沒有文化素養」，不代表宋徽宗的其餘兒子也這樣。趙佶有三十一個兒子，其中第三個兒子趙楷（ㄎㄞˇ）在興趣愛好上和趙佶很有共同語言。趙楷繼承了老爹的藝術細胞，琴棋書畫上都有些造詣（ㄧˋ），尤其愛畫，時常與趙佶切磋（ㄘㄨㄛ）交流，深受趙佶喜愛。趙佶對趙楷的偏愛，很快就威脅到了趙桓的儲君之位。

趙佶不僅破例（宋朝規定宗室人員不得做有實權的官）給了趙楷一個有實權的「提舉司皇城」官做，並且允許趙楷自由出入宮廷。為了方便趙楷隨時入宮，他還在趙楷宮外的府第做了飛橋通道！《宋史・鄆（ㄩㄣˋ）王楷傳》裡也提到，趙佶曾有意讓趙楷領軍北伐，為他製造建功立業的機會。

趙楷的待遇真是讓趙桓這個太子又羨慕又嫉妒啊！更糟糕的是，趙桓總是不由自主地與自己老爹唱反調：趙佶喜歡佛教，他完全不感興趣；趙佶喜好奢侈，大興土木，他卻提倡勤儉節約。他這樣三番兩次地因為各種事情反抗趙佶，你說趙佶會喜歡他嗎？

★ 趙楷

被封為鄆王，宋徽宗趙佶的第三個兒子，跟趙佶一樣是個琴棋書畫皆有所成的人。自小聰明伶俐，深得趙佶寵愛，是中國歷史上身分最高的狀元。

琴棋書畫無所不能

皇上趙佶如此明顯的偏心，又與太子趙桓關係不和，一些大臣就不由得揣（ㄔㄨㄞˇ）測了：皇上是不是打算廢長立幼了？於是，趙佶當時所寵信的宦官童貫、大臣蔡京等人見風使舵（ㄉㄨㄛˋ），討好趙楷，費盡心機地想要撼（ㄏㄢˋ）動趙桓的太子之位。

趙桓被壓迫慘了，以至於他繼位後立刻清掃六賊〔北宋年間六奸臣的合稱，分別是蔡京、王黼（ㄈㄨˇ）、童貫、梁師成、朱勔（ㄇㄧㄢˇ）、李彥〕。他找童貫算帳時，十條罪狀中的一條，就是報當年童貫屢次動搖他儲君之位的「私仇」。可見當一名不受寵的太子，是一件多麼艱難和讓人鬱悶的事情啊。

見風使舵

看風向轉動船的舵柄，比喻看情況或看別人的眼色行事。多貶義。

例句：他真會見風使舵，不管別人說什麼，即使他心裡不同意，也要做出一副很贊同的模樣。

內憂加外患，累！

趙桓畢竟是名正言順的太子，朝內自然也有不少大臣極力支持、擁護他，特別是當時正受到趙佶寵信的大臣李邦彥，多次為趙桓解圍，還鬥倒了趙楷一黨的中堅力量的王黼。但當趙桓終於等來登基之日時，卻嚇哭了，原來老爹趙佶主動禪（ㄕㄢˋ）位根本是想找替死鬼，這是個「大陷阱」啊！

當時，趙佶眼見金國大軍一路南下，馬上就要打到首都開封了，嚇得不輕。他覺得自己掌控不住這個局面，於是動了撒手不管的想法，當即就想禪位給大兒子趙桓，而他做太上皇。趙佶如意算盤打得好，他想的是如果趙桓成功抵禦住了金軍，那就是他這個老爹教導有方；若是趙桓失敗了，他也至少安全逃離了開封嘛。

◎ 金國

即金朝，由女真族建立的統治中國北方和東北地區的封建王朝。西與西夏、蒙古等接壤（ㄖㄤˇ），南與南宋對峙（ㄓˋ）。是中國歷史上第一次提出了「中華一統」的朝代。

趙桓又不是傻子，自己老爹的「黑心算盤」打得這麼響，他怎能不知道？於是趙桓堅決推辭，還因此生病了。可惜就算趙桓一哭二鬧三上吊，最終還是被迫繼位了。

趙桓不情不願當上了皇帝，本來就拙（ㄓㄨㄛˊ）於應對金軍這個外患，卻還「腹背受敵」，被老爹趙佶這個「內憂」牽絆著。趙佶十分不夠意思，丟下個爛攤子給他不夠，竟然還在狂奔出逃時挖牆腳，把大批官員都一併帶走了！

　　趙佶似乎打算在富庶發達的東南地區另起爐灶，弄個「小朝廷」來玩玩。趙佶的親信黨羽們在這塊地區作威作福，大肆搜刮錢財，草菅（ㄐㄧㄢ）人命，鬧得民怨沸騰，他竟然也一味縱容。

　　這後院著火，民變不斷，軍需供給還跟不上，都是打仗的大忌。趙桓也害怕自己的老爹真弄出個和自己對立抗衡的朝廷來，就三番兩次派人要把趙佶接回開封，方便在自己眼皮子底下監視著。在幾次討價還價和相互試探之後，趙桓終於把趙佶接了回來，卻也被趙佶搞得焦頭爛額，趙佶的小動作從來沒有斷過，還想去洛陽練兵。

亡國被俘，衰！

　　趙桓始終對老爹有著十二分的警惕，不僅趕走了趙佶的侍從，處置了趙佶的黨羽，還封鎖趙佶的消息和經濟來源。在這樣的父子冷戰中，金兵再度包圍了開封，攻破了外城，而趙佶卻渾然不知。

金人假惺惺地提出議和退兵，但指明要趙佶來談割地問題。也不知是趙佶自己貪生怕死，還是趙桓唯恐老爹和金人串通一氣，建立新的政權取代自己，他居然代替自己的老爹前往金營。

然而，手下敗將去敵方的軍營議和，待遇能好到哪裡去呢？趙桓連金國正主的面都沒見到，就被逼著寫下了投降書，還再三修改直到金人滿意為止。這還不算，趙桓又被逼著參加了投降儀式，對金人稱臣叩拜，受盡屈辱後才被放了回去，哪裡還有什麼大宋君主的顏面？

也許是金營「三日遊」對趙桓產生了極大的心理陰影，以至於他此後完全不敢違背金人的意思。面對金人的漫天要價，他居然真的命令官員們在開封城內喪心病狂地搜刮金銀、馬匹與少女。沒有完成任務額的官員還被杖責，甚至被處死。整個開封城一片狼藉，民不聊生。

但這樣討好金人，不過是飲鴆（ㄓㄣˋ）止渴，或許趙桓對這點也心知肚明，只是想再多當幾日的皇帝而已。果然，很快，金人再次要求趙桓到金營談判。這一次，他被軟禁了起來，挨餓受凍，成為金人的階下囚。沒過多久，他被金人貶為庶人，而他的老爹趙佶也在第二日被「接」到了金營，被迫一起脫去龍袍。從此，北宋滅亡。

飲鴆止渴

鴆是傳說中的毒鳥，喝了用牠的羽毛浸的酒會毒死人。意思是喝毒酒解渴，比喻用錯誤的辦法來解決眼前的困難，而不顧嚴重的後果。

例句：他這種行為不過是飲鴆止渴，什麼都不能挽回，情況只會越來越糟糕。

趙桓光顧著和自己老爹內訌，忽略了抵禦外敵，從而造成「靖康之禍」。不過這亡國之罪的責任，卻不能全讓趙桓背黑鍋。冰凍三尺非一日之寒，趙佶也難辭其咎（ㄐㄧㄡˋ）。趙桓只能怪自己太「衰」，生不逢時，他若是太平盛世時的帝王，或許能順利做到退休呢！

靖康之禍 又稱靖康之難、靖康之變。北宋靖康二年（西元 1127 年），來自北方的女真族攻占了當時北宋首都汴（ㄅㄧㄢˋ）京（今開封），擄走北宋皇帝宋欽宗趙桓和太上皇宋徽宗趙佶，還有幾乎全部的皇族、后妃、官吏以及近十萬平民。事變發生於靖康年間，因此得名。

悲哀的俘虜生涯，慘！

金人把開封的剩餘價值都壓榨光了之後，就帶著金銀財寶與俘虜們兵分兩路撤退了。趙桓與趙佶被分開，穿戴單薄簡陋，被金人押送著沿鄭州一路北行。俘虜的日子不好過，趙桓一路上風餐露宿，吃不飽穿不暖，還要遭到金人的侮辱。趙桓心裡多麼委屈和痛苦啊！他經常大聲哭泣，可是他只要一哭，就會被金人喝止。不僅如此，他還被 24 小時全程監視，連睡覺時都要和金人並臥，全無人身自由。過個山嶺，他也要被綁在馬上，當貨物運過去。

三個月後，趙桓好不容易與趙佶重新在燕京相見，以為終於不用再受路途奔波之苦。這好日子還沒過上兩月，趙桓弟弟趙構建立的南宋勢力日漸強大，金人決定帶著他們父子倆這重要的人質繼續北遷到上京。在上京，金人給父子倆準備了更為羞辱的獻俘儀式，賜了他倆一人一個封號，趙佶為昏德公，趙桓為昏德侯，真是諷刺意味十足啊！

金人折磨這父子倆也是沒完沒了，不久後，又把他們趕到了偏僻的五國城。趙佶只在那裡生活了三年就鬱鬱而終。趙桓卻是「忍功」一流，一直熬到了宋金關係緩和的那一日。

趙桓心中十分激動，以為終於看到希望了，對著將被放回南宋的韋賢妃（趙構之母）苦苦哀求，請她一定要叫趙構把自己接回去。趙桓終究是太天真了，趙構怎麼會把兄長接回去，威脅自己的皇位呢？所以趙桓終其一生，都沒有等到被接回南宋的那天……

★ 趙構

宋高宗，宋朝第十位皇帝，南宋開國皇帝，宋徽宗趙佶的第九個兒子，宋欽宗趙桓的弟弟。精於書法，善真、行、草書，筆法灑脫婉麗，自然流暢。著有《翰墨志》，傳世墨蹟有〈洛神賦〉（草書）等。

回望趙桓這一生，當太子時被弟弟趙楷壓制，被老爹冷落，地位岌岌可危；好不容易當上皇帝，卻從老爹那裡接手了一個千瘡百孔的江山，皇位難以保全；做了金國的俘虜後，更是飽受折磨與羞辱。他活得淒慘，最終身死異鄉，怎一個「衰」字了得啊！

賣萌皇帝雍正

還記得電視劇中那個一張撲克臉，行事嚴厲、心思縝密的「四爺」雍正嗎？

身為帝王的雍正似乎永遠嚴肅認真、高高在上，但他生活中可愛的一面卻一直被人們忽略。你能想像一個皇帝批奏摺的語氣是傲嬌的嗎？你能明白一個皇帝的 cosplay（角色扮演）夢嗎？你知道雍正還是個不折不扣的愛狗人士嗎？可愛至此，簡直顛覆世人對他的印象啊！

Hi，賣萌皇帝！
原來你是這樣的皇帝

本期主角　愛新覺羅・胤禛（ㄧㄣˋ ㄓㄣ）

人稱雍（ㄩㄥ）正帝，清朝第五位君主，清朝（原國號金，史稱後金）定都北京後的第三位皇帝，康熙帝玄燁（ㄧㄝˋ）的第四個兒子。在位期間進行了一連串社會改革，例如：加強了對西南少數民族的統治，減輕了無地、少地農民的經濟負擔，廢除賤籍制度，促進了人口增長，大力整頓財政等，是締造「康乾盛世」的三位皇帝中的其中一位（其他兩位是康熙和乾隆）。

小檔案

本名	愛新覺羅・胤禛
別稱	雍正皇帝、（蒙古汗號）納伊拉爾圖托布汗
所處時代	清朝
民族	滿族
出生時間	西元 1678 年 12 月 13 日
去世時間	西元 1735 年 10 月 8 日
在位時間	西元 1722—1735 年
年號	雍正

嚴格
「加班」愛好者
工作狂
挑剔

◎ 清朝

中國歷史上最後一個封建王朝，統治者為愛新覺羅氏，共傳 12 帝，總計 296 年（從努爾哈赤建立後金時算起）。統一多民族國家，中國古代專制主義的最高峰。人口突破 4 億大關，占當時世界總人口 10 億的近一半。前期土地增墾，物產盈豐，小農經濟的社會生活繁榮穩定，綜合國力遠勝於漢朝和唐朝。鴉片戰爭後遭到列強入侵，後進行洋務運動、戊戌（ㄒㄩ）變法等近代化的改革。

朕的朱批就是這樣霸氣

雍正是一個工作狂，每日批閱奏摺是必須的。面對堆積成山的奏摺，雍正卻沒有懷著鬱悶的心來批閱。相反，他還十分樂於批註來和大臣們互動，批註內容充滿了人情味：調侃大臣，或者調侃自己，時常展現出真性情。

例如：他在批李衛摺子時，直誇「好事好事！此等事覽而不嘉悅者除非呆皇帝也」，翻譯過來就是「這種好事朕看了要是都不知道高興，那朕就傻啦」。有沒有感覺雍正像一個網路論壇裡的回帖狂人，看到有意思的貼文內容就狂按「讚」、留言呢？

當然了，奏章各式各樣，雍正批註的內容也千變萬化。對於自己喜歡的大臣，他就在朱批（皇帝在臣僚奏章上以朱筆所作批示）裡毫不吝嗇地說什麼「喜也憑你，笑也任你，氣也隨你，愧也由你，感也在你，惱也從你，朕從來不會心口相異」的「情話」，讓人忍不住起一身雞皮疙瘩；但對上那些令人生氣的摺子，他也會喊上一句「豈有此理！心寒之極」，表達其內心的失望；而碰到無禮的大臣，他則會氣呼呼地批上一句「像朕這樣的平常皇帝，如何用得起你這樣的人」，整句話就是「大爺伺候不了你」的傲嬌語氣啊！

不忙的時候，雍正會在批註裡叮囑臣子注意身體，還會替臣子操心他們的家務事。做皇帝做到這樣，還真是不容易啊！

在眾多朱批中，最廣為流傳的，也是最霸氣的一條，當屬雍正批註田文鏡時的那句宣言——「朕就是這樣漢子！就是這樣秉性！就是這樣皇帝。」

一個皇帝能在給大臣的朱批裡自謂「真漢子」，比起那些只會寫「知道了」的皇帝，是不是可愛多了？

雍正的書法在清朝皇帝中也是出類拔萃的，一手好字再配上自信的語氣，就會覺得雍正其實還藏了一句潛臺詞沒批出來：朕的批註就是這樣霸氣！

四爺和他的真愛狗狗

在朱批上下了不少功夫的雍正，也沒忘了自己的愛犬。他有兩條愛狗，一條叫「百福狗」，一條叫「造化狗」。在清宮《活計檔（清朝內務府造辦處承辦宮中各項活計檔冊的總稱）》裡，就記錄了不少雍正特意為狗狗寫的上諭。

例如：雍正讓人為造化狗做一件老虎式的套頭衫，還特地囑咐要用上好的皮毛來做。可是等人做好以後，他又覺得套頭衫沒做耳朵，狗狗可能穿得不舒服，便又命人縫製兩個耳朵上去。他也沒有冷落另外一隻愛犬百福狗，為其訂做了一件麒麟式的套頭衫，套頭衫加工到狗狗穿起來像麒麟為止。這還不夠，他還傳旨讓人去做兩個狗窩，連狗窩的材料都得詳細列出來，不能偷工減料。有時候，他還會把狗狗衣服要做成什麼顏色都吩咐下去，免得成衣的配色不符合自己的審美要求。

等狗狗的衣服和飾物做好以後，雍正還要親自檢查一番，連狗狗衣服上的紐扣沒縫牢固都能檢查出來，當下退回重做，縫牢固了再拿來。這精細程度，可不是一般的婆婆媽媽了，但雍正就是樂此不疲。裝狗狗衣服的木匣因為放太久被蟲蛀，他都要叮囑下面的人重做一個，實在讓人哭笑不得。一個日理萬機的帝王，能記得這種小事，不是記憶力太好，就是實在太愛他的狗狗嘍！

不得不提的是，由於雍正愛狗的緣故，好好一個專門畫人的宮廷畫師郎世寧不得不變成了「畫狗大師」。雍正很欣賞郎世寧的畫工，但在畫狗上卻非常挑剔。有一回，他讓郎世寧畫一條外地進貢的「者爾得」小狗，硬是讓郎世寧畫了快一年，才最終定稿，真是把郎世寧折騰死了！

為了自己的真愛狗狗，雍正沒少為難人。誰能想到，這是一個為了狗狗的日常起居，反覆囉唆下旨的皇帝呢！

cosplay 中的娛樂夢

當皇帝難免壓力大，所以每個皇帝都會想盡各種紓壓的方法，批個朱批比摺子還長的雍正也累了，就想來點娛樂活動。微服出巡，來個行俠仗義、劫富濟貧？但雍正的身體一直不太好，也很怕熱，還是個騎射水準差的純宅男，所以不可行。那去深山裡做幾天隱士，度假放鬆一番？奈何奏摺太多，政務太忙，一天都離不開，雍正也只能放棄。

那有什麼輕鬆的法子可以坐在大殿裡就能找到樂趣？迫切需要減壓放鬆的雍正在某日突發奇想，選擇了在「二次元世界」中實現自己的娛樂夢想──《雍正行樂圖》就這麼應運而生了！

在這套《雍正行樂圖》畫作中，雍正完全不受束縛，愛怎麼玩就怎麼玩，想扮演什麼角色就扮演什麼角色。他可以一會兒上山打虎，當個「武松」；一會兒江邊垂釣，做做「姜太公」；一會兒打坐聽禪，學做世外高人……凡是古代人能想到的，雍正無法親身體驗的娛樂活動，都在畫中逐一 cosplay，大有將娛樂進行到底的決心！除此之外，《雍正行樂圖》中還有很多關於田園生活的場景，這是因為在雍正還是阿哥時，他記了一個小本子叫御制《悅心集》，裡面記載的都是一些能讓他高興的文字，像什麼唐伯虎、陶淵明之流的詩詞都在這個本子裡。後來，他將這些文字轉換成了自己的 cosplay 畫，也算是在自己的幻想中縱情山水、自在逍遙一回了。

另外，在《雍正行樂圖》中，穿膩了龍袍的雍正還樂於嘗試各種不同的服裝。比如〈打虎圖〉，雍正雖然把自己扮成了一個獵戶，手拿著叉子，與一頭凶悍的老虎對峙。但他扮的獵戶可不是中國獵戶，而是身著洋服、頭戴洋人假髮的「洋獵戶」！除了洋服，身為滿族人的雍正還很喜歡在畫中穿漢服，或在讀書，或在揮毫，或在題詩，又或是撫琴，渾然是一漢人書生模樣。

工作之餘，雍正看著《雍正行樂圖》中自己形形色色的角色扮演，想像自己上天入地、能文能武的模樣，也會覺得自己很萌吧？

生活達人的高要求

和大臣在奏摺裡歡樂互動夠了，對愛狗的食衣住行照顧到了，角色扮演的娛樂夢想也在《雍正行樂圖》裡實現了，那雍正還差什麼呢？那就是對自己生活品質的追求囉！根據《活計檔》的記載，雍正對生活精緻程度的追求已經到了吹毛求疵的地步，一個瓷杯蓋看不順眼，都要指導下面的人重做。

雍正當阿哥時是個「富貴閒人」，將大把的時間都泡在書海中，他飽讀詩書，在書畫方面也頗有研究，是個品味相對高雅的人。

　　在位的十三年裡，雍正不僅喜歡瓷器，還親自指導瓷器的生產。他曾經設計瓷器的造型與裝飾，讓人去照做，還在養心殿裡建了一個小瓷窯，一副誓要把清朝瓷器品位提高三個等級，將瓷器發揚光大的樣子！像有名的琺瑯（ㄈㄚˋ ㄌㄤˊ）彩，雍正就曾經專門下旨，指出哪些花紋不夠好看，哪些不夠細緻，還可以如何畫得更好，可見他的重視程度。都說生活的樂趣和品質要從小處做起，所以對於雍正來說，哪怕是杯蓋這類小玩意，也得精緻到令人賞心悅目。

琺瑯彩 是專為清代宮廷御用而特製的一種精細彩繪瓷器，部分產品也用於犒賞功臣。這種瓷胎畫琺瑯的技法，是國外傳入的一種裝飾技法，後人稱「古月軒」，國外稱「薔薇彩」。

　　總之，這麼一個寫得了霸氣朱批，養得了貴族小狗，玩得了cosplay，又做得了生活達人的雍正帝，想不萌都不行啦！

「重量級」皇帝那些事

　　胖到登基當天坐塌龍椅。

　　一身肥肉被嫌棄,差點當不成皇帝。

　　因胖得了個「豬王」的外號。

　　堂堂天子竟胖得分不清前胸和後背。

　　都說胖不是罪,可是胖到一定境界就要受罪啦!特別是胖子皇帝,可不是那麼好當的。

Hi，胖皇帝！

原來你是這樣的皇帝

本期主角 桓（ㄏㄨㄢˊ）玄

東晉權臣桓溫最小的兒子，桓楚開國皇帝。博通藝術，擅長寫文，著有《桓玄集》二十卷。因為酷愛書畫藝術，一看到別人藏有書法名畫，就想據為己有。他篡（ㄘㄨㄢˋ）位以後，把東晉皇室收藏的書畫全部收入囊中。他本人也堪稱是一代書法家，尤其擅長草書。

小檔案

本名	桓玄
別稱	桓靈寶、桓敬道、楚武悼（ㄉㄠˋ）帝
所處時代	東晉
民族	漢族
出生時間	西元 369 年
去世時間	西元 404 年 6 月 19 日
在位時間	西元 403—404 年
年號	永始

懂藝術　愛炫耀　會寫詩　帥哥

▲ 桓楚

東晉時期，由桓玄建立的政權，歷史上稱為桓楚。只存在了不到三年時間，桓玄死後，皇權就歸還給了東晉皇帝，但桓氏家族的人桓謙、桓振、桓石綏（ㄙㄨㄟ）依序稱了帝。桓玄篡晉後，只知道縱情聲色，吃喝玩樂，所以政權很快被推翻。桓玄從稱帝到兵敗出逃，一共 80 天；從稱帝到被殺，前後不到半年，死的時候才 36 歲。

生命中無法承受之重

桓玄是東晉大司馬桓溫的兒子，根據《晉書·桓玄傳》的記載，桓玄一出生就不得了，不僅伴隨著奇異徵兆，體重還是一般嬰兒的兩倍！每次奶娘要把桓玄抱到他爹的面前，都得兩個人交替著來抱才行，因為一個人根本抱不動。所以，儘管桓玄在長大後的一段時間裡，還算是個帥哥，卻最終未能擺脫從小就帶來的肥胖基因……。

> 這……這是我的兒子？

那桓玄是從什麼時候開始發福的？發福的原因又是什麼呢？這還要從他的父親說起。他的父親桓溫算得上東晉大名人了，位高權重，所以皇帝總怕桓溫篡位，一直防著這一家子。桓溫在世的時候，桓玄一直被朝廷打壓，只能做一般的芝麻小官。這讓桓玄很鬱悶，覺得「虎父無犬子」，父親這麼厲害，自己卻一事無成，索性辭官回家，當一個只吃飯不做事的南郡（ㄐㄩㄣˋ）公。賦閒在家，伙食又不錯，桓玄的身材很快就走樣了，體重令人不忍直視！桓玄在通往胖子這條道路上一直狂奔，以至於後來連馬都騎不了，只好發明了個「徘徊輿（ㄩˊ）」，透過操縱機關，在「徘徊輿」上當一個靈活的胖子。

這只是悲劇的開始。當頗有野心、想要出人頭地的桓玄好不容易篡位成功，卻在登基當天發生了一件令人啼笑皆非的「囧（ㄐㄩㄥˇ）事」──他竟然胖到把龍椅給坐塌了！試想，他身為堂堂天子，正在接受眾臣朝拜時，龍椅竟然無法承受他的一身肥肉，「喀嚓」一聲散開了，而且連帶著龍椅下的地板都塌陷下去，這是多麼丟臉的事情啊！桓玄幾乎在當場呆住了，還好他身邊有一位「救場高手」殷仲文。

　　「這表示陛下您的聖德深厚，連大地都承載不住啊！」殷仲文機智地拍了個馬屁，化解了尷尬。桓玄見有「臺階」下，急忙大笑出來，把這番誇讚照單全收，眾臣也跟著鬆了一口氣，心照不宣地讓這件事就這樣過去了。

> 這是由於陛下您的聖德深厚，連大地都承載不住啊！

登基大典

　　雖然眼下的尷尬化解了，但眾人心中的結卻就此結下了。畢竟古人相當重視徵兆，龍椅崩塌會不會是老天的示警呢？因為這個凶兆，桓玄的朝廷始終人心惶惶，再加上他本人也沒有當明君的潛質，大事不管，反而專注於糾正大臣奏摺上的錯別字與病句之類的小事。於是不到半年，桓玄就澈底「坐塌」了自己的江山，落得個身死國破的下場。只能說，桓玄的這一身肥肉，從坐塌龍椅開始，就成為他生命中無法承受之重啊！

032　原來歷史是這樣【皇帝上朝】

本期主角 朱高熾（ㄔˋ）

明朝第四位皇帝，明太祖朱元璋的孫子，明成祖朱棣（ㄉㄧˋ）的兒子。在位期間為政開明，發展生產，與民休息。平反了許多冤獄，廢除了許多苛政，停止了大規模用兵。天下百姓得到休息，為「仁宣之治」打下了基礎。

小檔案

開明厚道　體弱多病　書蟲　端莊沉靜

本名	朱高熾
別稱	明仁宗、洪熙（ㄒㄧ）帝
所處時代	明朝
民族	漢族
出生時間	西元 1378 年 8 月 16 日
去世時間	西元 1425 年 5 月 29 日
在位時間	西元 1424 年 8 月 12 日－1425 年 5 月 29 日
年號	洪熙

◎ 明朝

　　中國歷史上最後一個由漢族建立的大一統的封建王朝，共傳 16 帝，共計 276 年。明朝手工業和商品經濟繁榮，大量商業資本轉化為產業資本，出現商業集鎮和資本主義萌芽。文化藝術呈現世俗化趨勢。據《明實錄》記載，當時人口最多達 7185 萬，不過也有學者認為明朝末期時的人口近兩億。

仁宣之治

　　明成祖朱棣以後，明仁宗朱高熾和明宣宗朱瞻（ㄓㄢ）基採取了寬鬆治國、息兵養民等一系列政策，使得國家出現盛世的局面，為明初三大盛世之一，這個時期被認為是明朝國力最強、政治最清明的時期。

Hi，胖皇帝！

胖子的心酸誰能懂

說到明朝的無奈皇帝，明仁宗朱高熾可以算一個。他是明成祖朱棣的長子，如果不論身材，他接受過良好的武術和儒學教育，性子穩重，又十分好學，可以說是一位非常優秀的皇太子，足以繼承皇位。他的皇祖父朱元璋也十分喜愛他的儒雅和仁愛。但令人糾結的是，朱高熾千好萬好，就是身材不好！《明史》裡說，朱高熾體態肥胖，身子較弱，走路都要內侍攙扶，而且總是跌跌撞撞的。這樣體弱且笨重的朱高熾明顯討不到一生嗜（ㄕˋ）武的朱棣的歡心。再加上朱高熾的弟弟朱高煦（ㄒㄩˇ）頗有朱棣的風範，驍（ㄒㄧㄠ）勇善戰，深得朱棣的喜愛。朱棣還承諾過朱高煦，讓他來接掌江山。

因此，這朱高熾的太子之位總是坐得不穩當。

> 誰在說我壞話？

★ 朱棣

明朝第三位皇帝，明太祖朱元璋的第四個兒子。在位22年，年號「永樂」。統治期間，經濟繁榮，國力強盛，史稱「永樂盛世」，是明初的三大盛世之一。

驍勇善戰

指勇猛，善於戰鬥，形容戰將英勇出色。
例句：西楚霸王項羽驍勇善戰，卻仍然自刎（ㄨㄣˇ）於烏江邊。

不過，朱高熾這個胖子的運氣還不錯，太子雖然做得不是很穩當，卻始終沒有被真正趕下臺。究其原因有很多，有朱元璋對他的喜愛啊，也有嫡（ㄉㄧˊ）長子繼承制的限制啊……最有趣的是，朱高熾娶了個好媳婦，生了個好兒子！他的大兒子朱瞻基很受朱棣喜愛，而他的媳婦也很會討他爹的歡心。這讓朱高熾的日子多少好過了一些。但他的一身肥肉始終是朱棣的眼中釘、肉中刺。朱棣曾經命令減少太子宮中的飲食，希望兒子能節食減肥。效果可想而知，畢竟人到中年，朱高熾又長期待在宮中養尊處優，吃得少一點並不能解決肥肉問題，無非是做樣子給朱棣看罷了。後來，朱棣終於接受了朱高熾是個胖子的結果，再加上他很滿意孫子朱瞻基，就沒再動換太子的念頭。

朱高熾在太子之位上顫顫巍巍（ㄨㄟˊ）地待了20年，終於在47歲時登基為帝，再也不會因為胖而被親爹嫌棄了。但讓人沒想到的是，他竟然在成為皇帝8個月後猝死了！朱高熾這個胖子皇帝當得實在是太心酸了啊！

本期主角 劉彧（ㄩˋ）

南朝宋（也稱劉宋）第六位皇帝，前期為了得人心，採取了許多舉措，重用有才幹的名士和武將，戰亂時期放權給手下積極平亂。平定叛亂後，又赦免了大部分的叛軍，有才幹的叛軍也被重用，因此得到了很多人的支持。然而當他成功掌權後，過上了荒淫無度的生活，猜忌心過重，為此殺害了許多將領，死後留給兒子一大堆爛攤子，而他的兒子劉昱（ㄩˋ）繼位後也成了有名的暴君。

小檔案

本名	劉彧
別稱	劉休炳、宋明帝、宋太宗
所處時代	南北朝
民族	漢族
出生時間	西元 439 年 12 月 9 日
去世時間	西元 472 年 5 月 10 日
在位時間	西元 466—472 年
年號	泰始

疑心重
生活奢靡
迷信
荒淫殘暴

◎ 南朝

中國歷史上，四個由漢族建立的王朝（宋、齊、梁、陳）的統稱，上承東晉，下啟隋朝，共歷 24 帝，共計 169 年。在中國歷史上有著極其重要的地位，為華夏文明的延續、發展和傳播做出不可磨滅的貢獻。此時的建康城與同時期古羅馬城並稱為「世界古典文明兩大中心」。

▲ 宋

南朝的第一個朝代，也是南朝中存在時間最久、疆域最大的朝代，共計 59 年。因為國君姓劉，為與後來趙匡胤建立的趙宋區別開來，因此又稱為劉宋。

胖子的華麗蛻（ㄊㄨㄟˋ）變

皇帝中身材肥胖的不少，但像南朝宋明帝劉彧胖到失去尊嚴的帝王卻很少見。隨著劉裕（劉彧的祖父）廢掉了東晉的最後一個皇帝，自立國號為宋，劉彧也跟著風光了一陣子，被冊封為一方諸侯——湘東王。

然而劉彧還沒享夠諸侯王的福，姪子劉子業登基了，從此他過上悲慘的日子。劉子業狂悖（ㄅㄟˋ）無道，十分忌憚自己的叔伯，生怕他們有造反之心，因而常常把他們聚集在殿內辱罵毆打，極盡所能地打壓他們。身為湘東王的劉彧自然也是其中一員。劉子業還喜歡幫他的叔伯們取外號，因為劉彧身材特別肥胖，被劉子業稱為「豬王」。

狂悖無道

指人蠻橫，狂妄猖獗（ㄔㄤ ㄐㄩㄝˊ），蠻不講理。
例句：他這個人真是狂悖無道！

為了讓劉彧這個「豬王」當得名副其實，劉子業命人用豬槽盛飯，再往裡面倒上一些豬食，又在地上挖一個坑，裝滿泥水，然後讓劉彧脫光衣服，爬到坑裡，學著豬的模樣吃豬食！看著劉彧不得不忍受屈辱吃豬食，劉子業在一旁歡喜地大笑。如此做法，不要說劉彧貴為王侯了，就算是一個普通老百姓，也不可能不記恨在心啊！

之後很長的一段時間裡，除了強迫劉彧吃豬食，劉子業還想盡各種法子羞辱他。劉彧就算脾氣再好，也忍不下這口氣了。據《南史‧建安王劉休仁傳》中記載，有一次，劉彧終於忍無可忍，抗旨不遵，劉子業就下令將他以綁豬的法子綁了起來，要拉出去「殺豬」解恨！好在建安王劉休仁在旁機智地勸說，才讓劉彧免於一死。

　　哪裡有壓迫，哪裡就有反抗。劉子業如此百般羞辱劉彧，劉彧就是原本不想反，也得反了。於是劉彧一面忍辱負重，一面暗地裡糾眾密謀，以誅殺劉子業為目標而奮鬥。

　　終於，西元 465 年 11 月，劉彧等到了時機成熟的那一天，他發動政變，將劉子業殺死。而劉彧本人也完成了從「豬圈（ㄐㄩㄢˋ）」到朝堂、從「豬王」到帝王的華麗蛻變。

皇帝無一善終的王朝

　　南朝的劉宋皇室是一個你殺我、我殺你，殺過來、殺過去的殘暴家族。在劉宋的八個皇帝中，開國皇帝劉裕的口碑是最好的，但他開啟了殺掉前朝廢帝的先河，因此，後來的皇帝沒有一個善終，都是被新起的皇帝殺死的。而劉宋皇室內部也同樣互相殘殺，對彼此毫不手軟。可以說，這是一個血液裡天生流淌著殘暴基因的家族。

本期主角　高延宗

北齊第六位皇帝，文襄帝高澄的第五個兒子，父親遇害後，由叔父文宣帝高洋（北齊開國皇帝）撫養，非常受高洋的疼愛。武平七年（西元576年），與北周交戰時，在部將的擁立下稱帝，後兵敗被俘。承光元年（西元577年），被賜死罪，死的時候只有34歲。

小檔案

本名	高延宗
別稱	安德王
所處時代	南北朝
民族	漢族
出生時間	西元544年
去世時間	西元577年
在位時間	西元576—577年
年號	德昌

運氣差
勵志一哥
減肥達人
被迫當皇帝

◎ 北朝

中國歷史上，南北朝時期存在於北方的五個朝代（北魏、東魏、西魏、北齊和北周）的總稱。北朝與東晉滅亡後在南方地區出現的南朝對峙，合稱為南北朝。後來的隋朝、唐朝都是繼承了北朝，他們的開國皇帝們的祖先都是北朝名貴，沿襲了北朝的軍事和政治制度等並加以發展和創新，奠定隋唐盛世和民族大融合的基礎。

▲ 北齊

由東魏（北朝割據政權之一）權臣高歡的兒子高洋所建，國號為齊，地處北方，所以被稱為北齊。又因為皇室姓高，又有高齊的稱號。北齊主要提倡鮮卑文化，農業、鹽鐵業、瓷器製造業都相當發達。當權者多暴政淫亂，因而有「禽獸王朝」之稱。

Hi，胖皇帝！

減肥成功真威風

高延宗作為北齊文襄帝高澄的第五個兒子，又是蘭陵王高長恭的弟弟，最不應該出現在胖子皇帝的行列裡。他的哥哥高長恭是眾所周知的美男子，而他的父親高澄十二歲時就被誇「神情俊爽」、「美姿容」，也是一個大帥哥。高氏家族的基因如此優秀，高延宗再差也不會差到哪裡去吧。

高氏美男家族

偏偏這樣一個盛產美男的家族，卻出了高延宗這麼一個圓滾滾的皇帝……《北齊書》和《資治通鑑》中記載，高延宗肥胖到了「從他身前看像仰面朝天，從他身後看像俯伏在地」的地步！高延宗胖得讓人分不清他的前胸和後背，因此常常被人嘲笑。這讓高延宗十分鬱悶，於是他奮發圖強，「化肥肉為力量」，不僅練成了大力士，還騎在戰馬上馳騁沙場，異常矯捷。高延宗前後反差如此之大，想必這華麗轉身的背後，必定有一段艱苦的心酸減肥史。

高延宗減肥成功後，可謂脫胎換骨、揚眉吐氣，特別是在高長恭死後，他成為齊後主高緯（高延宗表弟）最得力的將領之一。在與北周的平陽一役中，高延宗不僅活捉敵方大將，還率領部下直接殺入周軍的陣中，可謂所向披靡（ㄇㄧˇ），威風凜凜。在北齊眾軍中，只有高延宗這支軍隊氣勢最盛。高緯看高延宗這麼能打，自己索性從最前線并州跑了，把爛攤子丟給高延宗。高延宗是個老實人，曾再三挽留高緯，表示願意為他拚死作戰。高緯不管不顧跑掉之後，并州的將領懇求高延宗稱帝，高延宗為了提振士氣，不得不答應了這個請求。

　　可惜的是，儘管高延宗帶領士兵們英勇作戰，幾乎反敗為勝，但由於齊軍都以為北周的周武帝已死，於是通宵慶祝，喝得爛醉如泥，結果第二日又被反撲回來的周軍打敗。高延宗也因此被生擒，在北齊滅亡後不久，被周武帝賜死。

　　不過，比起很多連馬都騎不了的胖子皇帝來說，高延宗至少在戰馬上威風過、輝煌過，也算是值得了！

所向披靡
指力量所到之處，一切障礙全被掃除，常用於形容軍事或體育競技。
例句：他在戰場上所向披靡。

威風凜凜
形容人的聲勢或氣派使人敬畏、恐懼。
例句：他穿上這身軍裝後，看起來真是威風凜凜啊。

> 我的夢想是拿到後唐最佳演員獎！

皇帝也怕入錯行

養尊處優的天子痴迷雜技奮不顧身。

曾是沙場勇將的開國皇帝卻信奉佛教到要出家的程度。

最該時刻保持清醒的君主竟是個嗜酒如命的酒鬼。

主宰天下的帝王一心想要混跡演藝圈。

歷史上不少明君因為勤政愛民而流芳千古，這些用生命將自己的「不務正業」進行到底的皇帝們，也用另外一種荒誕的方式讓世人記住了他們。

5

Hi，貪玩皇帝！

原來你是這樣的皇帝

本期主角　蕭寶卷

南齊第六位皇帝，當政期間驕奢淫逸，荒唐殘暴，不僅寵信潘妃，任用奸臣，還濫殺顧命大臣，因而激化內部矛盾，引發叛亂。後眾叛親離，被身邊的宦官所殺。外號「東昏侯」，是中國歷史上著名的荒唐皇帝。

小檔案

本名	蕭寶卷
別稱	東昏侯、蕭明賢、蕭智藏
所處時代	南北朝
民族	漢族
出生時間	西元 483 年
去世時間	西元 501 年
在位時間	西元 498—501 年
年號	永元

內向　話少　殺愛人　小氣

▲ 南齊

中國歷史上南北朝時期中南朝的第二個朝代，也是南朝四個朝代中最短命的，僅有 23 年歷史。

永明體

南朝齊武帝永明時期所形成的詩體。在永明體出現以前，詩壇上流行的是古體詩，也稱古詩、古風，每篇句數不限，有四言、五言、六言、七言、雜言等，不求對仗，平仄（ㄗㄜˋ）和用韻也比較自由。唐代以後，形成了律詩和絕句，稱為近體詩，又稱今體詩。近體詩的雛形就是永明體。永明體強調聲韻格律，對糾正晉宋後文人詩過於艱澀，以及促使詩的創作轉向清新通暢產生了一定的作用。

雜耍技術哪家強？

蕭寶卷還是太子時就不愛讀書，只喜歡吃喝玩樂。除了最常用來取樂的活動「除四害」——熬夜在宮裡帶著侍衛們四處挖洞捕鼠外，他最愛的當屬雜技。當太子時，有皇帝老爹管著，蕭寶卷不敢太放肆。終於熬到老爹歸西，自己可以主宰天下，蕭寶卷立即開始肆無忌憚地玩起這項自己最喜愛的娛樂活動。

> 耍雜技還得看我的。

一般的皇帝喜歡雜技，都停留在「看」的階段。但雜技是蕭寶卷的真愛，他不僅看，還要親自耍起來。蕭寶卷仗著自己力大如牛，就想學那些江湖藝人，用牙叼起一根長50多公分的木頭道具。但人家走江湖的，用的自然是走江湖的技巧，這位皇帝卻真槍實彈地用牙齒與木頭硬碰硬地死命咬，硬是把牙齒都咬斷了也不肯放棄。這還不算，他初學「擔幢」這種雜技時經常跌傷，對此他完全不當一回事，覺得這叫「為藝術獻身」。

Hi，貪玩皇帝！

除了自己本身精通雜技以外，蕭寶卷還致力於把雜技發揚光大。為此，他特地收集整理了舊有的雜技節目，對其進行整理和挖掘，在前人的基礎上發揮自己的想像力和創造力，自創了許多新節目。很難想像，一個好幾個月都不想批閱奏摺，看到朝政就頭疼，看到朝臣就想躲的皇帝，在研究雜技方面竟然這麼努力，頗有「大學者」的風範。

雜技節目新穎了，擁有了「裡子」，蕭寶卷還要追求一下「面子」——弄一套配得上自己的華麗服裝，如各種用金子做的花飾和玉磨成的鏡子等寶物，閃瞎眾人眼睛。亮眼的戲服讓蕭寶卷愛不釋手，他經常穿著戲服在後宮打打鬧鬧，追逐嬉戲。即使有大臣在身邊，他也能表演自如，沒有半點慚愧的意思。

更有趣的是，蕭寶卷的馬術還是從表演雜技中學會的。他經常表演一種類似傀儡（ㄎㄨㄟˇ ㄌㄟˇ）戲的馬戲，穿著戲服，奏著鼓樂，騎著人扮的假馬「馳騁（ㄔㄥˇ）」，最後竟然成了騎馬「大師」。

直到皇宮陷落，被近臣斬下頭顱的前一秒，蕭寶卷還只想著如何將雜技玩到淋漓盡致。身為帝王，蕭寶卷的工作能力無疑是不及格的，但要論雜耍技術哪家強，他倒是可以名列前茅呢！

駕！馬兒快跑！

本期主角 蕭衍（ㄧㄢˇ）

梁朝開國皇帝，在位長達四十八年，是南朝皇帝中在位時間最長的。博通文史，才思敏捷，文筆華麗，「竟陵八友」之一。所作的千賦百詩，其中不乏名作。曾欽令編《通史》六百卷，並親自撰寫贊序。

統治初期，他勵精圖治，勤儉節約，善待屬下，發展經濟和文化。在位晚期，隨著年事漸增，開始怠於政事，沉溺佛教，導致政治腐敗，官吏貪汙，人民流離逃亡。太清二年（西元548年），「侯景之亂」爆發，蕭衍被侯景囚死，死時86歲。

小檔案

寫詩高手　學識廣博　多才多藝　軍事戰將

本名	蕭衍
別稱	梁武帝、梁高祖、練兒
所處時代	南北朝
民族	漢族
出生時間	西元464年
去世時間	西元549年6月12日
在位時間	西元502年4月30日—549年6月12日
年號	天監、普通、大通、中大通、大同、中大同、太清

▲ 梁朝

中國歷史上南北朝時期南朝的第三個朝代，由蕭衍取代南齊稱帝。國號梁，因皇室姓蕭，又稱蕭梁。共計55年。

竟陵八友

南齊永明年間出現的一個文人集團，由竟陵王蕭子良發起召集，八人分別是蕭衍、沈約、謝朓（ㄊㄧㄠˇ）、王融、蕭琛、范雲、任昉（ㄈㄤˇ）、陸倕（ㄔㄨㄟˊ）。

Hi，貪玩皇帝！　047

別攔著朕信佛

蕭衍身為南朝梁國的創建者，年輕時也是上過沙場，當過先鋒的大將。他能征善戰，在浴血拚殺中為自己打下了一片江山。可能是因為手裡沾的血腥多了，人到晚年，他開始信奉佛教，想要「放下屠（ㄊㄨˊ）刀立地成佛」。

讓我們來看看作為虔誠的信徒，蕭衍做了些什麼——

去寺廟當了四天的住持和尚，體驗生活，這沒問題。下令改了年號為大通，這也沒什麼。不近女色，好吧，他也不缺子嗣（ㄙˋ），無所謂了。不吃葷腥，這也沒關係，當皇帝光吃大魚大肉，改吃素食還有益身體健康呢。但他竟然下令全國效仿，那就太可怕了！連祭祀祖宗用的肉食都要改成蔬菜，他有沒有考慮過老祖宗的心情啊？多虧大臣們極力反對，蕭衍才勉強退了一步，允許用麵團捏成牲畜的樣子來祭拜。

皇上，來玩呀！

各位愛妃，請自重！

不僅如此，痴迷佛教的蕭衍還經常出家當和尚，並且大有「朕去了寺廟就不想回來」的趨勢。有一次，蕭衍去拜佛，說什麼也不回去當皇帝了，要就地出家，誰都不准攔著。在大臣們苦苦哀求下，他才打消了出家的念頭，只做了四天和尚就回了宮。

　　回到皇宮後，蕭衍覺得自己不能破了和尚還俗是要向寺院贖身的規矩，於是從「財政」上拿出一億錢把他的肉身贖了回來。這樣的事，後來又發生過三次，每次贖身回來都要花上一、兩億錢，大臣們非常心疼這筆費用，心都在淌血啊！

　　蕭衍做不了全職和尚，只好研究佛教理論聊以慰藉。他花了大量的時間鑽研佛法，還寫了不少佛教著作。比如，他根據《涅經》等佛教經典寫了一篇〈斷酒肉文〉，顧名思義，就是說佛教徒是不可以喝酒吃肉的，並以身作則，從此過著苦行僧的日子。堂堂皇帝，他本可以餐餐吃山珍海味，卻非要每天餓著肚子，只吃一頓飯；酒肉更是禁忌，一點也不沾；放著偌大的宮殿不住，非要住個小殿暗室；一頂帽子縫縫補補戴了三年，被子一蓋就是兩年不換。

　　由於蕭衍對佛教過度痴迷，放任國事不管，使得奸臣當道，怨聲頗多，侯景趁機發動「侯景之亂」。最終，蕭衍被活活餓死在臺城寺廟中，倒也算以另外一種方式皈（ㄍㄨㄟ）依佛門了。歷朝歷代推廣佛教的皇帝不少，但像蕭衍這麼拚命的，真是稀罕！

侯景之亂　指中國南北朝時期，南朝梁國的將領侯景發動的武裝叛亂事件。侯景本為東魏叛將，被蕭衍收留，因為對梁朝與東魏通好而心懷不滿。西元 548 年，侯景以「清君側」的名義起兵叛亂，後攻占梁朝都城，掌控了梁朝的軍政大權。

本期主角　王延羲（ㄒㄧ）

閩（ㄇㄧㄣˇ）國第五位皇帝，驕傲奢侈，荒淫無度，猜忌宗族，殘害大臣，常常尋找舊怨加以報復。他的弟弟建州刺史王延政多次規勸他，收到的卻是他通篇怒罵的回信。天福九年（西元944年），王延羲被朱文進、連重遇刺殺。

小檔案

殘暴　脾氣差　小心眼　四處斂財

本名	王延羲
別稱	閩景宗、王曦（ㄒㄧ）
所處時代	五代十國
民族	漢族
出生時間	不詳
去世時間	西元944年
在位時間	西元939—944年
年號	永隆

◎ 五代十國

中國歷史上的一段大分裂時期，上承唐朝，下啟北宋。五代指唐朝滅亡後依次定都於中原地區的五個政權，分別是後梁、後唐、後晉、後漢和後周。中原地區之外，還存在過許多割據政權，前蜀、後蜀、南吳（楊吳）、南唐、吳越、閩國、南楚（馬楚）、南漢、南平（荊南）、北漢等十個割據政權統稱為十國。

▲ 閩國

五代十國之一。西元909年，唐朝末年軍閥王審知被後梁封為閩王。王審知去世後，大兒子王延翰繼位。兩年後，二兒子王延鈞殺死王延翰奪位，六年後稱帝，創立閩國。王延羲是王延鈞的弟弟。

罕見的酒瘋子

連曹操這樣的大梟（ㄒㄧㄠ）雄都會在詩中寫「何以解憂，唯有杜康」，可見在古代，喝酒作樂是一種很受歡迎的解壓方法。尤其是壓力極大的皇帝們，多數都是酒的愛好者。可是像五代時期閩國君主王延羲這樣嗜酒如命的酒鬼，卻著實不多。

據史書記載，王延羲喝酒毫無節制，常常通宵達旦，喝醉了以後就精神亢奮，理智全無，簡直可以用「喪心病狂」來形容。巧的是，王延羲還找到了一位與自己「志同道合」的皇后，同樣嗜酒成性。兩個人索性做了一對每天泡在酒罈子裡的帝后，不醉不休，瀟灑地把朝政和後宮交給了下屬去打理。

不僅如此，王延羲還喜歡「以酒會眾臣」，每每舉辦宮廷酒宴，出席的王公大臣們都必須陪他喝個盡興。誰要是推辭，或者偷偷把酒倒了，那就是忠心不足。王延羲心情好的時候，就將大臣關入死牢嚇唬（ㄏㄨˇ）一番再放出來；心情不好的時候，直接讓人拖出去斬了了事。所以，想在這位皇帝手下當差，能力可以一般，酒量必須好啊！

何以解憂，唯有杜康

此語出自曹操的詩〈短歌行〉。意思是，靠什麼來排解憂悶啊？唯有大喝一頓酒才可以解脫了。相傳杜康是最早造酒的人，在本詩中代指酒。

王延羲的寵臣——宰相李光准就是一個千杯不醉的高手，而且也是一個喝醉後就神志不清、不管不顧的人。王延羲很高興能有人陪他一起不顧君臣禮儀地發酒瘋，所以常常和李光准對飲。有一次，兩個人喝醉後，爭執起誰喝得多、誰喝得少的問題。李光准這個做臣子的，竟然堅持認為自己多過皇帝一杯酒，氣得王延羲當場命令武士將李光准推出去斬首。李光准醉得不省人事，根本不知道發生了什麼事，監斬官得知這是王延羲喝醉後下的旨意，沒有立刻行刑，一直拖到第二天。等王延羲酒醒後，已然把前一天的事忘得一乾二淨，又讓李光准陪他繼續喝酒……。

　　雖然李光准這顆腦袋暫時保住了，但伴君如伴虎，跟在王延羲這樣的酒瘋子身邊，一個不小心還是會因酒喪命的啊！

王延羲的酒錢從何來

　　王延羲淫侈無度，資金用度接不上，就和國計使陳匡範商討辦法，陳匡範便自告奮勇，請求每天上貢萬金。王延羲高興，當場加封陳匡範為禮部侍郎。為滿足王延羲，陳匡範向下屬的商戶收費時數額增加了數倍。但沒過多久，從商戶那兒收的錢也滿足不了他向王延羲許下的萬金，便只好借用各部門的經費來補足。陳匡範害怕被王延羲發覺，最終在擔憂中死去。王延羲感念他，追贈的賞賜很豐厚。但當各部門把陳匡範挪用經費的文書上奏時，王延羲氣得劈開陳匡範的棺材，斬了他的屍體，又丟到水裡。後來王延羲任用黃紹頗做國計使。在黃紹頗的建議下，王延羲採用了買賣官職的辦法來斂（ㄌㄧㄢˋ）財。

本期主角 李存勗（ㄒㄩˋ）

後唐開國皇帝，驍勇善戰，長於謀略。前期戰功赫赫，為父報仇滅掉了後梁，復興唐朝；後期沉湎（ㄇㄧㄢˇ）聲色，不僅縱容皇后干政，還重用伶人、宦官，猜忌殺戮（ㄌㄨˋ）功臣，橫徵暴斂。稱帝後僅在位三年，遇害於興教門之變，死時42歲。

小檔案

本名	李存勗
別稱	李存勖、李天下、唐莊宗
所處時代	五代十國
民族	沙陀族
出生時間	西元885年12月2日
去世時間	西元926年5月15日
在位時間	西元923－926年
年號	同光

打仗高手
熱愛表演
擅長謀略
治國廢物

▲ 後唐

中國歷史上，五代十國時期由沙陀族建立的封建王朝，共傳二世四帝，共計14年，是五代十國時期統治疆域最廣的朝代。因為李存勗打著振興唐朝國運為旗號，復唐立國，因此被稱為後唐。

Hi，貪玩皇帝！　053

演藝圈的大夢

李存勖是五代十國時期後唐的開國皇帝，在軍事上是一把好手。同時期後梁的開國皇帝朱溫曾用「生子當如李亞子」來形容李存勖完成「晉王三矢」的遺志和平定中原的功績。

晉王三矢：晉王李克用臨終之前，交給兒子李存勖三支箭，要兒子李存勖替他報三個仇，一是消滅世仇朱溫建立的後梁國，二是剷平劉仁恭的燕政權，三是擊敗契丹國。「矢」在這裡是箭的意思。

可是誰又能想到，這樣一位軍事上的巨人，心中卻裝著一個演員夢呢？李存勖做了帝王之後，重拾兒時喜歡看戲和演戲的愛好，常常面塗粉墨，穿上戲裝，登臺表演，都不理朝政了。

在古代，娛樂圈的人叫作伶（ㄌㄧㄥˊ）人，地位低下，不受重視。可一心想混跡演藝圈的李存勖完全不在意，竟然把自己的兼職身分直接定位在了伶人上，並且很認真地替自己取了一個霸氣的藝名，叫「李天下」！喜歡表演的李存勖還愛屋及烏，喜歡看戲演戲，更喜歡演戲的伶人們。他不僅將伶人們好吃好喝地養著，還將不少關係親近的伶人提拔為官老爺，提高他們的社會地位，讓他們做自己的耳目和臂膀。

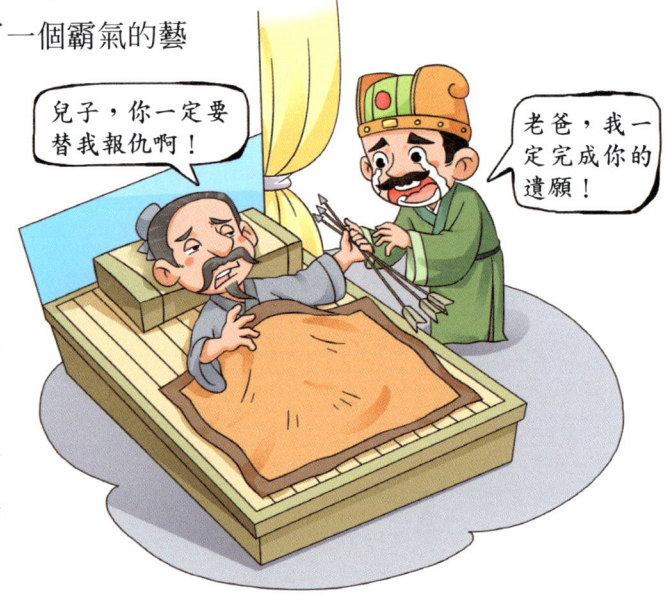

> 兒子，你一定要替我報仇啊！

> 老爸，我一定完成你的遺願！

在與李存勖親近的伶人中，有個叫作敬新磨的人。有一次，李存勖上臺演戲，演到興奮處，心情愉悅地喊了兩聲「李天下」，卻被敬新磨甩了一個響亮的耳光。周圍人都嚇得出了一身冷汗，覺得那伶人必死無疑了。李存勖卻很有耐心，問伶人為什麼打他。敬新磨理直氣壯地說：「李（理）天下的只有皇帝一人，你叫了兩聲，還有一人是誰呢？」李存勖竟然很受用，聽後不僅沒有責罰敬新磨，反而予以賞賜。

> 大膽刁民，竟然敢打皇上！

> 打得好，朕重重有賞！

　　還有一次，李存勖去打獵，踐踏了農民的田地。有良心的縣令攔住了李存勖，李存勖被激怒了。為了阻止李存勖殺縣令，敬新磨急中生智，出面巧言諷勸，不僅博得李存勖一笑，還救了縣令一命。

　　只可惜，像敬新磨這樣正直的伶人畢竟是少數，更多得勢的伶人為非作歹，戲弄朝臣，收取賄賂（ㄏㄨㄟˋ ㄌㄨˋ）。被封為伶官之首的景進更是對李存勖大進讒言，陷害忠良。因為聽信讒言，李存勖殺害手下大將郭崇韜。而另外一位戰功彪（ㄅㄧㄠ）炳的大將李嗣源在險遭殺害後，發動造反，與伶人郭從謙裡應外合，成功奪位。只是不知，李存勖在死於兵變時，是否後悔自己做了這麼一場演藝圈的大夢。

Hi，貪玩皇帝！　055

忽必烈牌冰淇淋，
你值得擁有！

舌尖上的帝王

你以為皇帝滿腦子裝的都是家國天下的大事？
你設想過他們也會像個普通的吃貨一樣好吃嘴饞嗎？
你知道有些菜餚和甜食就是這些大忙人發明出來的嗎？
讓我們一起來看看，歷史上那些有著吃貨屬性的帝王吧！

Hi，吃貨皇帝！

原來你是這樣的皇帝

本期主角　楊廣

隋（ㄙㄨㄟˊ）朝第二位皇帝，相貌帥氣有氣質，年少時就很聰慧，但好（ㄏㄠˋ）大喜功，頻繁發動戰爭，濫用民力，窮奢極欲，用高壓暴政鎮壓農民的不滿，引發全國農民起義，進而導致隋朝崩潰覆亡。

小檔案

個人英雄主義
沉迷酒色
大帥哥
昏庸無道

本名	楊廣
別稱	隋煬（一ㄤˊ）帝、楊英
所處時代	隋朝
民族	漢族
出生時間	西元 569 年
去世時間	西元 618 年 4 月 11 日
在位時間	西元 604—618 年
年號	大業

◎ 隋朝

中國歷史上，上承南北朝，下啟唐朝的大一統朝代，共計 38 年。隋朝結束了自西晉末年以來中國長達近 300 年的分裂局面。隋朝在政治、經濟、文化和外交等領域進行大改革，科舉制度正是在這個時期創立的，之前都是世族壟（ㄌㄨㄥˇ）斷仕官，還建立了考核和檢查制度。隋朝時還興建隋唐大運河，改善水路交通線。當時的長安不僅是隋朝的全國政治經濟中心，也是國際大都會。

「大玩家」也是吃貨

眾所周知，隋煬帝楊廣特別喜歡乘著龍舟出遊，還曾利用京杭大運河之便，下揚州遊山玩水。他巡遊的時間遠遠超過待在京師當皇帝的時間，是一個不折不扣的「大玩家」。「大玩家」也有吃貨的一面，楊廣在「玩」的過程中，從沒忘記過「吃」呢！

根據《隋書‧煬帝紀》記載，楊廣為了過足嘴癮，特意下令，凡是他的龍舟所經過的地方，沿河兩岸五百里內的所有官吏都要獻上美食——必須是海裡、陸上的各種珍饈（ㄒㄧㄡ）美味，等級低了可不吃！而且因為是進獻給皇帝的菜餚，在數量上也不能太寒磣（‧ㄔㄣ），導致有的州縣送的酒席多達上百桌。這麼多的食物，皇帝一個人當然吃不完，分給隨行人員之後仍然無法解決，乾脆就在岸邊挖坑埋掉，真是暴殄（ㄊㄧㄢˇ）天物啊！

> 皇上，請品嘗我的美食！

> 皇上，先吃我的！

> 走開，要吃也是吃我的！

珍饈　指珍奇名貴的食物。珍指山珍，山林野獸或者果蔬製作的食物；饈指美味。

暴殄天物　原意是殘害滅絕天生萬物，現在是指任意糟蹋東西，不懂得愛惜。

在這些豐富的獻菜中，不少「佼佼者」入了楊廣的眼，對了他的胃口。比如現在被我們叫作「獅子頭」的菜餚，就是在進獻的名單上以「葵花斬肉」之名出現過的。當時，楊廣嘗了這道菜後，讚不絕口，十分喜愛，還賜宴群臣一起來享用美食，使得淮揚菜榮登當年「年度最熱門菜排行榜」。此外，《資治通鑑》裡還提到了一道叫作「鏤金龍鳳蟹」的菜，也是楊廣的「心頭菜」。楊廣每到揚州時，江浙兩地都要把這道菜送到楊廣的行宮，並且將蟹殼擦得發亮，再用金紙剪成的龍鳳圖案往上一貼，彰顯天家氣派，讓楊廣吃得合嘴又合心。

　　要列舉楊廣喜愛的美食，那是數不勝數，可是真正讓他偏愛到「非它不可」的，卻是對我們來說很常見的蛤蜊（ㄍㄜˊ　ㄌㄧˊ）。這蛤蜊不論用什麼方法烹飪，都能輕易征服他的舌頭，一頓飯沒有它，楊廣便覺得味同嚼蠟，「為伊消得人憔悴」，足見其吃貨本色了。

京杭大運河

從中國的春秋時期開鑿，歷經多代人挖掘，已有2500多年的歷史，是世界上里程最長、工程量最大、最古老的運河之一，與長城、坎（ㄎㄢˇ）兒井並稱為中國古代的三項偉大工程。隋唐大運河是它的前身。它是僅次於長江的第二條「黃金水道」，對中國南北地區之間的經濟、文化發展與交流，特別是對沿線地區工農業經濟的發展產生了巨大作用。

京杭大運河北起北京，南到杭州，途經北京、天津兩市及河北、山東、江蘇、浙江四省，貫通海河、黃河、淮河、長江、錢塘江五大水系，全長約1794公里。

本期主角　朱由校

明朝第十五位皇帝，明光宗朱常洛的大兒子，16歲即位，在位7年。服用「仙藥」身亡，年僅23歲。歷史上著名的崇禎皇帝朱由檢是他的弟弟。他在位期間，沉迷木器製作，導致宦官魏忠賢與乳母客氏專權，迫害良臣，製造了「乙丑詔獄」、「丙寅詔獄」等冤獄。

小檔案

本名	朱由校
別稱	明熹（ㄒㄧ）宗
所處時代	明朝
民族	漢族
出生時間	西元1605年12月23日
去世時間	西元1627年9月30日
在位時間	西元1620—1627年
年號	天啟

好丈夫　木工達人　文盲皇帝　沒出息　天書

文盲皇帝

朱由校是明神宗朱翊（ㄧˋ）鈞的孫子。朱翊鈞在位時只顧自己尋歡作樂，根本不管朱由校。朱由校的父親死得早，也沒來得及管自己兒子的教育問題，因此朱由校繼位時堪稱文盲。他甚至連字都不認識，只能讓別人擬好稿後讀給他聽，再做決斷。朱由校不願意聽別人擺布，因此常常不懂裝懂，鬧出不少笑話來。

Hi，吃貨皇帝！

宅在宮裡吃個夠

如果說隋煬帝楊廣是在旅行途中邊玩邊吃的背包客類吃貨，那麼明熹宗朱由校更像是宅男類吃貨。

明朝後期的御膳比早期用料要豐富得多，各地的貢品也源源不斷，什麼季節吃什麼最美味、最科學，那都是有講究的。例如：二月分，朱由校就專門吃肥美鮮嫩的河豚；到了八月分，和現在都會買幾隻大閘蟹一飽口福一樣，朱由校也會點名進貢大螃蟹來吃；十月天氣開始轉冷，朱由校會吃些羊肉等溫補的肉類，另外還吃些乳製品進行食補，一直吃到來年天氣回暖為止。

在各類貢品中，朱由校最愛的是海鮮，常常讓人把烤生蠔、炸鮮蝦、燕菜、鯊魚翅等多種海味，一起下鍋烹飪成海鮮「大雜燴（ㄏㄨㄟˋ）」。如此多珍饈做食材，再加上御廚的手藝，這道菜肯定是香氣四溢，鮮味非常，讓人食欲大增。至於吃完海鮮大餐的飯後甜點嘛，朱由校的口味就略顯獨特，非要往蓮子羹中加一點新鮮的西瓜，這還真不是一般人能夠理解的創意吃法呢！

木工達人

在歷代帝王中，朱由校非常有特色。他是中國歷史上最有名的木匠師傅之一，名氣僅次於木匠「鼻祖」魯班，製作的木製品也是數一數二的珍品。他的作品包括各種各樣的船模型、家具、漆器、硯盒、梳匣等精巧木器。據說他還曾造過一座迷你小宮殿，只有4尺（約等於133公分）高，小巧玲瓏，鬼斧神工。

在木器製作上，朱由校對自己的要求非常高，精益求精，一絲不苟，而且他還熱衷於發明，例如：耗費一年多的時間，研發了可攜式的折疊床板。

然而，再美味的御膳也會讓人「審美疲勞」，朱由校這個吃貨就更別提了。他覺得尚膳監準備的伙食越來越不稱心，只是一直沿用北方地區烹飪的方法，不思進取，沒有創新，於是決定讓做御膳的人互相競爭。劉若愚在《酌中志》中記載，朱由校為了讓御膳在形式上有所轉變，故意冷落老牌御膳師，讓魏忠賢等三名親近的太監輪流替他操辦膳食，後來朱由校的乳母客氏也加入了這個行列。對待一個吃貨，抓住他的胃很重要，所以魏忠賢他們除了自掏腰包外，還外聘廚師來烹調，創製各種更為精緻的菜餚，連醬料都另外釀製，以區別於尚膳監的味道。

很明顯，朱由校這一招十分奏效，讓他的膳食品質有了極大提升。不過他放著現成的御膳不理，非要另覓美食，每回都要在外面另聘廚子雜役幾百人，他這吃貨當得也是勞民傷財啊！

★ 魏忠賢

是明朝末期宦官，朱由校當政時期極受寵信，被稱為「九千九百歲」。他排除異己，專斷國政，導致平民老百姓「只知有忠賢，而不知有皇上」。

> 皇上可好些日子不來吃飯啦。

> 外面的廚子可比尚膳監做的飯好吃多啦，皇上滿意，我們的「油水」也就多了。

本期主角 愛新覺羅·玄燁

人稱康熙帝，清朝第四位皇帝，清定都北京後的第二位皇帝，順治帝愛新覺羅·福臨的第三個兒子，8歲登基，14歲親政，在位61年，終年69歲，是中國歷史上在位時間最長的皇帝。統一的多民族國家的捍衛者，奠定了清朝興盛的根基，開創出「康乾盛世」的大局面，有學者尊稱他為「千年一帝」。

小檔案

本名	愛新覺羅·玄燁
別稱	康熙帝、（蒙古汗號）恩赫阿木古朗汗、清聖祖
所處時代	清朝
民族	滿族
出生時間	西元 1654 年 5 月 4 日
去世時間	西元 1722 年 12 月 20 日
在位時間	西元 1661 年 2 月 8 日—1722 年 12 月 20 日
年號	康熙

千年一帝　智勇雙全　養生達人　學習狂熱者

康熙長壽祕訣

1. 飲食有節制，不亂吃、多吃，早睡早起。
2. 愛乾淨，講衛生，無論在家裡還是在外面。
3. 飲酒有度，逢年過節的聚會上只喝一小杯。
4. 清心寡欲，不意氣用事，意志堅定，心平氣和。
5. 不追求邪門的長生之法，順其自然地養生。

美食評論家

康熙帝智擒鰲（ㄠˊ）拜、平定三藩（ㄈㄢˊ），給人留下的印象是殺伐果決，機敏勤勉，舉手間指點江山。但你知道嗎？他並不是一個只知道埋頭工作，不懂得享受的呆子。他對美食很有研究哦！

飲食大咖康熙圖書簽書會

長壽皇帝的養生祕訣，全在這本飲食書裡！現場購買不僅打五折，還有皇上的親筆簽名呦！

我要買！

看我！

我也要！

在康熙的上諭（ㄩˋ）中，除了家國大事外，還有不少與「吃」有關的內容，這些都統統證實了康熙吃貨的一面。在這些上諭中，他有時記述食用方法，有時評論食物味道的好壞，有時命人千里送美食以解嘴饞。在上諭中，他還親自指導后妃們如何食用一種叫作「晒乾甜瓜」的土產，食用方法詳細，連用什麼水來洗泡都交代得一清二楚。因為對動植物比較有研究，康熙每到一個地方，還會評論當地的瓜果蔬菜生長如何，又或者是動物的肉質口感怎樣，並且一一記錄在案。康熙的上諭完全可以整理成一本《吃貨康熙的飲食手札（ㄓㄚˊ）》。若是放到現在，康熙肯定是網路上最受歡迎的美食評論家了。

智擒鰲拜

鰲拜,清朝三代元勛、權臣,出身將門,精通騎射。他跟隨皇太極(清朝開國皇帝)征戰四方,立下赫赫戰功,是皇太極最信任的武將,號稱「滿洲第一勇士」。

皇太極病逝後,鰲拜擁戴福臨(康熙的父親)即位,成為議政大臣,幫助福臨剷(ㄔㄢˇ)除多爾袞(ㄍㄨㄣˇ)(福臨時期的攝政王,皇太極的弟弟)。

福臨去世後,康熙繼位。鰲拜接受遺詔成為顧命輔政大臣,在位期間操握權柄、結黨營私。後被康熙設計逮捕,下獄論罪,囚死於牢中。

獨樂樂(ㄩㄝˋ ㄌㄜˋ)不如眾樂樂,取得美食的康熙當然也不會忘記和家人一起分享。每當有好吃又有營養的東西,他都會命人「快遞」一份回京,孝敬給皇太后,還特別聲明烹調過程是由自己親自監督的,絕對可以放心食用。寄給太子的美食,康熙則常常會要求太子在吃完之後做出評論,也不知道是不是要考察一下自己兒子的味覺夠不夠靈敏,能否把他培養為下一代美食家?

當然了,出門在外,飲食方面受到地域的限制,不可能總是如意。康熙難免會想念在京城中才能吃到的那些美味,但他哪會委屈了自己的嘴?想吃了,就命人從京中運來一些解饞。康熙的諭令中,不僅會詳細點明運送食品的種類,有時還會連數量都定好,十分講究。

做皇帝的同時還兼職美食評論家,那些暴露吃貨本性的字裡行間,都能展現出康熙這個舌尖上的帝王,做得也是非常專業啊!

平定三藩

三藩指平西王吳三桂(割據雲南)、靖南王耿精忠(割據福建)、平南王尚可喜(割據廣東)三個藩王。

明朝覆滅,清朝進入山海關後的初期(在此之前,清朝被稱作後金,政權在東北),因為其勢力不足以掌控全國,所以授給三個漢族的有功之臣藩王之位,命其鎮守藩地。時間一久,三個藩王形成了一方獨大的割據勢力,當時反叛的三藩勢力之大,加起來占據全國面積的近一半。

康熙認為三藩擁兵自重,決定撤掉三藩的藩位。隨後,三藩以「反清復明」的名義起兵造反。歷時八年,康熙終於平定三藩之亂,從此確立了清朝穩定的皇朝統治。

本期主角　忽必烈

元朝開國皇帝，大蒙古國第五任可汗（ㄎㄜˋ ㄏㄢˊ），成吉思汗的孫子，政治家、軍事家。著名的孝子，對漢文化很有研究，手下幕僚很多是漢族人，非常尊崇儒家文化。終年79歲，蒙古尊號「薛禪汗」。

小檔案

孝子　聰明睿智　知人善任　漢文化推崇者

本名	孛兒只斤·忽必烈
別稱	元世祖、薛禪汗
所處時代	元朝
民族	蒙古族
出生時間	西元1215年9月23日
去世時間	西元1294年2月18日
在位時間	西元1260—1294年
年號	中統、至元

◎ 元朝

中國歷史上，首次由少數民族建立的大一統王朝，傳五世十一帝。元朝商品經濟和海外貿易繁榮，與各國外交往來頻繁，各地派遣的使節、傳教士、商旅等絡繹不絕。在文化方面，出現了元曲等文化形式。元朝的前身是成吉思汗所建立的大蒙古國。

Hi，吃貨皇帝！

為美食的發展做出貢獻

做吃貨有三境界：愛吃美食，會評論美食，為美食的發展做出貢獻。如果說楊廣、朱由校、康熙尚處在前兩個境界，那麼忽必烈無疑就是進入最高境界的一個吃貨了。

在寒冷的冬天吃上一頓涮（ㄕㄨㄢˋ）羊肉，想必是許多吃貨的最愛。但你知道，是誰讓現代的吃貨們有機會吃到這涮羊肉的嗎？這就要從忽必烈率兵南下征伐說起了。

忽必烈南征期間少不了要打硬仗。這一日，剛剛與敵軍大戰過的忽必烈正在休息，突然很想念家鄉大草原盛產的羊肉，就要吃烤羊肉。可是這羊肉才剛上烤架，緊急軍情就來了──敵軍正在逼近！但忽必烈這個吃貨此刻滿腦子想的都是羊肉的美味，竟然無心戰事，反而一再催問「羊肉做好了沒有」，眼見就要因為吃不到美食而發火了。心急之下，軍中的廚子乾脆把不易烤熟的羊肉切成薄片，扔進鍋裡煮，大大縮短了羊肉的烹飪時間，最後把鹽巴往羊肉上一撒，就盛進碗裡端去給忽必烈。

可汗，大事不好！敵軍打過來啦！

莫慌，讓我先吃完這口涮羊肉。

忽必烈也沒想到，自己的「牛脾氣」還能催生出一道美味新料理──涮羊肉。一碗涮羊肉下肚後，吃貨忽必烈心滿意足地上陣殺敵去了，並且打了一個漂亮的勝仗。而這「涮羊肉」的菜名，就是他在慶功宴上取的。

除了涮羊肉和忽必烈有間接關係，忽必烈還曾在巧合下，讓冰淇淋這種現代甜點向「定型」邁出了一大步。忽必烈非常喜歡喝牛奶，元朝定都北京後，因為夏天炎熱，牛奶難以保鮮。忽必烈倍感發愁，為了能讓鮮奶多保存一陣子，他受到先秦貴族用冰塊保鮮的啟發，往牛奶裡加了冰塊，用來給牛奶「降溫」。待他再想喝牛奶時，卻發現牛奶和冰塊神奇地「結合」在了一起，變成「奶冰」，既有濃厚的奶味，又冰涼爽口，堪稱「解暑神器」。原味的「奶冰」吃膩了，忽必烈還會加點水果和蜜餞進去調味，類似於現在的「刨冰」，讓人吃了還想再吃。可惜的是，最終讓冰淇淋「定型」的並不是忽必烈，而是將「奶冰」帶回歐洲的旅行家馬可·波羅。

但無論如何，忽必烈在吃得開心的同時，還為美食的發展貢獻了一份自己的力量，可以算是專業又資深的老饕了！

★ 馬可·波羅

世界著名旅行家和商人，出生於威尼斯的一個商人家庭。他的父親和叔叔都是威尼斯商人。馬可·波羅17歲時，跟隨父親和叔叔前往中國，歷時四年到達元朝的首都，與忽必烈建立了友誼。他在中國遊歷共17年，訪問過當時中國的許多古城。回到威尼斯之後，馬可·波羅參軍，在威尼斯和熱那亞之間的海戰中被俘。在監獄裡，他口述旅行經歷，由魯斯蒂謙寫出了《馬可·波羅遊記》。

《馬可·波羅遊記》中盛讚了中國的繁榮發達，激起了歐洲人對東方的熱烈嚮往，對後來新航路的開闢產生了巨大的影響。這本書也是研究中國元朝歷史和地理的重要史籍。但學術界對馬可·波羅到底有沒有來過中國一直存在爭議。

皇帝圈的學渣們

　　有「學霸」的地方，必然有「學渣」作為反襯，皇帝也不例外。本該擁有高學歷、才德兼備的眾位帝王中，也有那麼一些上課總是恍神，學什麼都不會的「吊車尾」，甚至還有差到目不識丁的文盲。

　　學霸皇帝都是相似的，而學渣皇帝各有各的問題。讓我們一起來看看，皇帝圈裡的那些學渣們究竟有哪些問題吧！

Hi,「學渣」皇帝!

原來你是這樣的皇帝

本期主角　劉邦

漢朝開國皇帝，漢民族和漢文化的偉大開拓者之一，對漢族的發展以及中國的統一有卓越貢獻，傑出的政治家、戰略家和軍事指揮家。他勵精圖治，治國方針有兵員歸家，豁免徭（一ㄠˊ）役，重農抑商，恢復社會經濟，穩定統治秩序。劉邦採用寬鬆無為、休養生息的政策，安撫人民生活，奠定了漢朝雍容大度的文化基礎。

小檔案

本名	劉邦
別稱	劉季、漢高祖、漢高帝
所處時代	西漢
民族	漢族
出生時間	西元前 256 年或前 247 年
去世時間	西元前 195 年 6 月 1 日
在位時間	西元前 202—前 195 年
年號	無

性格開朗
深謀遠慮
交際高手
EQ高

◎ 西漢

　　中國歷史上的大一統王朝，共歷 12 帝，共計 210 年，又被稱為前漢。西漢繼承延續了秦朝諸多的制度，初期實行輕徭薄賦、休養生息的國策，執行了六、七十年，使得社會經濟迅速恢復。

　　它是中國古代商業非常發達的一個朝代，國家的穩定和交通的發展為商業的發展提供了良好的環境。不僅國內貿易發達，對外貿易也非常發達。透過絲綢之路，西漢甚至與古羅馬、印度等國家有間接的貿易關係。

朕乃學渣第一人

劉邦是皇帝圈裡大家都耳熟能詳的一位了，他出生底層卻創立了漢王朝，是第一個用行動證明了「王侯將相寧有種乎」的草根皇帝，乃農民皇帝第一人。但你知道嗎？劉邦也是學渣皇帝第一人哦！

在劉邦稱帝之前，不要說帝王了，哪怕是貴族成員，都是高級知識分子，有的人造字，有的人著（ㄓㄨˋ）書，最差的也要會誦詩奏樂，否則進入社會後根本混不下去。像劉邦這樣沒有接受過教育的文盲當上皇帝，這還真是頭一遭。劉邦雖然沒什麼知識，但有自知之明，他知道不能當一輩子的學渣皇帝，所以在登基之後，他加強了自我修練。這修練的成效嘛，從劉邦臨終前寫給自己兒子劉盈的敕（ㄔˋ）書中可見一斑。

> 這皇帝中……就屬我沒知識啊！這事怎麼好意思載入史冊呢。

敕書：即敕命、敕諭，是皇帝任官封爵和告誡臣僚的文書。

王侯將相寧有種乎！

原意為那些稱王侯、拜將相的人，天生就是好命、貴種嗎？

此話為秦朝末年反秦義軍的首領之一陳勝說的話，是為了號召大家跟他起兵造反。他想表達的意思是沒有天生的貴種，我們平民一樣可以稱王侯、拜將相。

劉邦在敕書中說自己當年遭逢亂世，未能讀書寫字，成了一個文盲。當時他也覺得讀書沒什麼用處，所以並不放在心上。當上皇帝以後，因為政務需要，他需要看很多的摺子，就必須得讀書。而讀書就要先學習認字。於是他認字、讀書同時努力，認真學習。漸漸地，他能連猜帶矇地獨自看書了，最後還學會了寫字，只是字寫得不太工整，只能勉強用來應付公務，實在不能見人。

　　如今我們已經無法確定劉邦在敕書中的描述究竟是過分自謙，還是如實交代。如果情況屬實，那麼劉邦恐怕很難擺脫學渣皇帝的名號了。但考慮到劉邦作為開創漢王朝的帝王，政務繁忙，能用於自我學習的時間不多，他這個「勉強識字，書法不佳」的表現也還說得過去啦。

蹴鞠　蹴鞠（ㄘㄨˋ ㄐㄩˊ）就是指古人以腳蹴、踏、踢球的活動，類似現今的足球運動。據史冊記載，戰國時期蹴鞠就在民間很流行。當時的蹴鞠外殼是皮革做的，內裡填充著米糠（ㄎㄤ）。到西漢時期，蹴鞠受到了貴族階級的喜愛，它還被視為「治國習武」之道，在軍隊中廣泛傳開。劉邦最喜歡的娛樂遊戲除了鬥雞外，就是以蹴鞠為樂。

造紙術　中國古代四大發明之一，發明於西漢時期，東漢時期又由宦官蔡倫改進。中國是世界上最早發明紙的國家。兩千多年後，直到法國人發明了用機器造紙的方法，中國的造紙技術才被西方國家超越。造紙術的發明和推廣，對世界科學、文化的傳播產生了深刻的影響，對社會的進步和發展產生了重大的作用。

本期主角 石勒（ㄌㄜˋ）

後趙開國皇帝，中國歷史上唯一一位奴隸皇帝。早年被抓去賣為奴隸。羌（ㄑㄧㄤ）渠部落的後裔，父親曾是部落的小頭目。他少時健壯雄武，善於騎射。前期採取胡漢分治政策，但注意籠絡漢族士人，減輕租賦，發展農業生產，推行儒家教育，推動了文教和經濟的發展，使後趙成為當時北方最強的國家。

小檔案

本名	石勒
別稱	石世龍、趙明帝
所處時代	十六國
民族	羯（ㄐㄧㄝˊ）族
出生時間	西元 274 年
去世時間	西元 333 年 8 月 17 日
在位時間	西元 319─333 年
年號	太和、建平

健壯雄武　奴隸皇帝　有膽量　殺人狂

◎ 十六國

中國歷史上的一段大分裂時期。占據中國北方的割據政權統稱，當時先後建立了二十多個國家，有十六個國家實力強勁，因此被統稱為「十六國」，也有「五胡十六國」的稱呼（有五個主要胡人民族），分別是前涼、成漢、前趙、後趙、北涼、西涼、後涼、南涼、前燕、後燕、南燕、北燕、夏、前秦、西秦、後秦。同時期，占據南方的是東晉，前身是西晉。十六國上承西晉，下啟北魏。北魏是南北朝時期北朝第一個朝代。西晉是取代曹魏政權建立的三國時期之後的統一王朝。

▲ 後趙

中國十六國時期羯族首領石勒建立的政權，共歷 7 帝，共計 33 年。石勒滅了前趙，自稱趙王，後取代前趙政權稱帝，因此史稱後趙。

Hi，「學渣」皇帝！

朕有一顆上進心

　　同樣是學渣，有的皇帝是自己放棄大好的教育條件，硬是學成了「不學無術的廢材」，比如同治帝。而有的皇帝是因為人生際遇起步晚了，前期雖然是一個「學渣」，但擁有一顆追求卓越的心，好學上進，想方設法提高自己的學識，後趙的開國皇帝石勒就是其中一個。

　　石勒出生在羯族的一個雇農家庭，家裡窮得要命，溫飽都成問題，更不要說拿錢去讀書了。儘管石勒大字不識一個，但他卻深知學史尤其重要。他時刻想著與學霸們看齊，所以在有條件讀書後，就開始提升自己的學識修養。他不識字，看不了書，就讓人念給他聽。根據《晉書》記載，即使是在行軍打仗的過程中，石勒都會請儒生讀《左傳》、《史記》、《漢書》等歷史書籍給他聽，聽的過程中還會發問、議論，從前人前事中學習治理天下的道理，以便自己能更加治理好國家。

渣

　　石勒這個學渣雖說閱讀能力是弱了點，但學以致用的能力卻很強，是一個很有潛力的學生。他能夠借鑑歷史上的經驗與教訓，提高自己的政治手段，改變起兵之初的濫殺無辜，為拉攏利用漢族官民，融合了漢文化和前朝的政治制度來治理國家，同時注重文化教育事業。在稱王和稱帝的這兩個階段，石勒又是辦學又是修書，加速整個羯族的漢化，他還因為自己重視史學，而把它立為一個獨立的學科，成為創舉。

　　石勒這個擁有上進心的學渣皇帝，用自己獨特的學習方法創立了後趙政權，並為這個政權雄踞（ㄐㄩˋ）中原幾十年打下了堅實的基礎，他的此「渣」絕非彼「渣」啊！

黃瓜的由來

　　黃瓜原名叫胡瓜，是漢朝時期張騫（ㄑㄧㄢ）出使西域時帶回來的。那時候，中國古代稱北方邊地及西域各民族人民為「胡人」，西域的瓜自然也被稱為「胡瓜」。後來胡瓜更名為黃瓜，是源於後趙的一項規定。

　　後趙開國皇帝石勒是羯族人，也就是胡人。他稱帝後，發現自己國家的人稱呼羯族人為胡人，大為惱火，於是制定了一條法令：無論說話、寫文章，一律嚴禁出現「胡」字，違者問斬不赦。一日午膳時，他為了刻意刁難一位官員，指著胡瓜問官員這是何物？官員靈機一動，答：「紫案佳餚，銀盃綠茶，金樽甘露，玉盤黃瓜。」這件事在朝野之中傳開，自此以後，胡瓜就被稱作黃瓜了。

Hi，「學渣」皇帝！

本期主角　愛新覺羅・載淳

人稱同治帝，清朝第十位皇帝，清定都北京後的第八位皇帝，6 歲即位，在位 13 年，去世時年僅 19 歲，是咸豐帝愛新覺羅・奕訢（ㄓㄨˇ）的大兒子。在位期間鎮壓了太平天國起義，興辦洋務新政，清朝後期出現了一個政治穩定的時期，史稱「同治中興」。生母正是歷史上著名的慈禧太后。

小檔案

本名	愛新覺羅・載淳
別稱	同治皇帝、清穆宗
所處時代	清朝
民族	滿族
出生時間	西元 1856 年 4 月 27 日
去世時間	西元 1875 年 1 月 12 日
在位時間	西元 1861 年 11 月 11 日—1875 年 1 月 12 日
年號	同治

好玩樂

傀儡皇帝

近新政

清朝最短命皇帝

洋務運動　又稱自強運動。是 1960 年代到 1990 年代清朝晚期洋務派所進行的一場引進西方先進的軍事裝備、機器生產和科學技術，以挽救清朝統治的自救運動。主要措施有開辦外國語學校、實業學堂、近代軍事學校，派遣留學生等。

洋務派　洋務派是在第二次鴉片戰爭以後，特別是在鎮壓太平天國運動的過程中逐漸形成、壯大的統治階級內部的一個政治派別。

朕就是不愛學

　　清朝皇子的教育制度之完善，要求之嚴厲，那是有目共睹的。照理來說，有皇家優良的教育資源，再加上「只要讀不死，就往死裡讀」的精神指導，清朝的皇帝們即便不是個個「文可考狀元，武可上戰場」，那學識也應該是相當高的。可是偏偏就出了一個令老師們頭疼不已的學渣皇帝——同治。

> 皇上，今天該學蒙古語啦。

> 騎馬哪有學歷史重要？

> 皇上，今天得跟我學騎馬！

　　同治的父親咸豐帝英年早逝，所以同治登基的時候年紀很小，只有6歲，才剛到上書房學習的年齡。他是慈禧太后唯一的兒子，因此慈禧對這個幼帝的教育很嚴格，請了四個老師，安排了相當豐富的學習課程：語言類有蒙古語、滿語，體育課則是騎馬、射箭，文史類課程當然就是讀史讀經、作詩練字等等啦。同治的休息時間極少，平時飯就在書房裡吃，學得苦哈哈的。

本以為嚴格要求下必出學霸，然而同治念到 16 歲後，卻成了一名不折不扣的學渣。他的老師就曾經記錄過同治的學習狀態，以吐槽居多。比如同治學習時要不是沒精神，一點也學不進去，就是精神極好時，又只顧著嬉笑。老師講得口乾舌燥，同治卻一邊耳朵進，一邊耳朵出，一副「朕就是不愛學」的架勢。再比如，老師讓同治背書吧，他背不流暢；讓他作詩吧，他也寫得不好；讓他看奏摺吧，居然連字都還認不全。總之，他每天的狀態就是上課時等放學，放學後就「好好玩樂，天天開心」，沒有一點上進心！

　　當然，同治帝成為學渣的原因，也不全在於他自己不好學，也有政治和環境因素壓抑著他，讓他覺得讀書無望，不如玩樂。慈禧太后對他人生的過度干涉更是讓他破罐破摔，最終英年早逝，也是叫人可嘆可憐。

★ 慈禧太后

　　葉赫那拉氏，徽號（尊號）慈禧，清朝晚期的實際統治者。咸豐帝時期被封為懿（ㄧˋ）貴妃，同治帝的生母。咸豐生前體弱多病，經常口授讓慈禧代為批閱奏摺。咸豐去世時，同治年紀尚小，為防止弟弟恭親王奕訢（ㄒㄧㄣ）奪權篡位，因此授權設立了八位顧命大臣。咸豐死後，慈禧聯合另一個太后慈安和恭親王奕訢發動政變，形成「二宮垂簾，親王議政」的局面。此後，慈禧一直是清朝的實際掌權者，同治、光緒皆是她掌權下的傀儡皇帝。

> 大清帝國是靠我撐起來的。

本期主角　劉裕

宋朝（人稱劉宋）開國皇帝，傑出的政治家、改革家、軍事家。幼時家境貧寒，重用寒士，振興教育，終結了門閥專政的時代，奠定了南朝「寒人（出身低微）掌機要」的政治格局。劉裕對江南經濟的發展，漢文化的保護與發揚做出了重大貢獻，並開創了江左六朝疆域最遼闊的時期，為「元嘉之治」打下了堅實的基礎。有「定亂代興之君」的稱號。

小檔案

本名	劉裕
別稱	劉下邳（ㄆㄟˊ）、寄奴、宋武帝
所處時代	南北朝
民族	漢族
出生時間	西元363年4月16日
去世時間	西元422年6月26日
在位時間	西元420年7月10日—422年6月26日
年號	永初

重感情　節儉　不迷信　不拘小節

元嘉之治　指宋文帝劉義隆繼承、延續其父宋武帝劉裕生前推行的多項改革政策，並在此基礎上開創出的一個盛世。此時期政治較為清明，劉義隆又努力推行繁榮經濟文化的各項政策，進而出現了短期內經濟有所恢復、人民生活較為安定的政治局面。劉義隆的年號是「元嘉」，因此這段時期被稱為「元嘉之治」。

朕的大字不錯吧

　　開國皇帝中似乎多出學渣，本文中出場的這位宋武帝劉裕，在政治與軍事上的業績斐然，締造了劉宋政權，然而學識卻比劉邦好不到哪裡去。凡是和文雅有關的事情，比如文學、音樂、書法和劉裕都沾不上邊！

　　根據史料記載，劉裕「僅識文字」，也就是說只認識一些常用文字，比那些完全不識字的文盲強一點。而且劉裕的文采也很欠缺，甚至比不過人家匈奴人赫連勃勃。不過他很有自知之明，一看赫連勃勃出口成章，就坦誠地感嘆自己「文不如人」。除此之外，他也完全聽不懂音樂，無法理解為什麼上層士族們做點什麼事都喜歡奏樂，甚至公然表示自己聽不順耳，也不想聽。至於讓他學東晉的名士們玩玩清談與詩文辭賦唱和（ㄏㄜˋ）這一類更高級的文化活動，就更無法勝任。

清談　　清雅的談論。魏晉時期，承襲東漢清議的風氣，就一些玄學問題析理問難，反覆辯論。在當時很流行，特別是統治階級和有文化的人，更視之為高雅之事、風流之舉。後一般泛指不切實際的談論。

★ 赫連勃勃

　　胡夏開國皇帝，匈奴族，長相帥氣英俊，是個不折不扣的美男子，但性格殘忍凶暴，隨意殺死他不喜歡的人。胡夏是中國歷史上最後一個匈奴王國。

劉裕也沒想過要提升自身的文化素養，只是一味逃避學習，也不在乎自己被那些士大夫們暗暗瞧不起。儘管劉裕一心想要偷懶，不管學習，只鑽研政事，但處理政事總得發公文吧？如果每次寫字都要大臣來代筆，效率未免太低。所以他還是不得不學寫字。這字好不容易會寫了，可是寫出來實在醜得令人難以直視，於是他的「祕書」劉穆之就非常委婉地建議他抽空練練字。劉裕對此興致缺缺，字依舊沒多少改進，劉穆之只好退而求其次，教他寫大字來藏拙。這個主意，劉裕一聽就開心啊！不用練字又能把字寫得好看點，正合了他的心意！他立即採納，表示以後就寫大字了。

　　從那之後，劉裕的親筆詔書上一張紙就只能寫下六、七個字，堪稱史上最大號字體的詔書啊！

> 皇上，這就對了，字要大才好看。

詔書
皇帝正式發布的，昭告天下的公文。
這是一種很正式的文書公告，上面一般都會蓋上玉璽（ㄒㄧˇ）印。

本期主角　朱元璋（ㄓㄤ）

明朝開國皇帝，一生勤於政事，建樹頗多。朱元璋十分愛惜民力，提倡節儉，並創設大量的典章制度，打下了明朝近三百年基業，促成明朝前期呈現社會安定、經濟繁榮的局面，史稱「洪武之治」。

小檔案

反貪狂人
貧民皇帝
以猛治國
特務首領

本名	朱元璋
別稱	朱重八、朱公子、朱興宗、朱洪武
所處時代	明朝
民族	漢族
出生時間	西元 1328 年 10 月 21 日
去世時間	西元 1398 年 6 月 24 日
在位時間	西元 1368 年 1 月 23 日—1398 年 6 月 24 日
年號	洪武

古代福利最好的時期

朱元璋時代是中國古代社會福利最好的時期之一，有免費養老院（養濟院）、免費醫院（養濟院）和免費公墓（漏澤園）。他還曾經試驗過「保障房」政策，在南京試營運，安排無家可歸者居住。這是世界上最早的國家免費福利公共住宅。

他還對天下老年人施以尊重，頒布詔書和法令，規定每地要善待老人，並讓縣官定期送去米麵、衣物等進行慰問。此外，為了讓居家養老者有人服侍，規定如果家裡有 70 歲以上的老人，國家允許家中的一個兒子不用服兵役。孝敬老人的模範代表還有獎勵。

朕是學渣咬朕啊

前面的各色學渣皇帝儘管最後都沒有成為知識分子，但還算有自知之明。可是最後出場的這位皇帝囂張得很，把半文盲做得理直氣壯，硬是把人家正正經經的文化人弄得一頭霧水！

大家都知道朱元璋當過和尚，他可能似懂非懂地讀過一些經書，但基礎教育實在薄弱，對許多字認不清、認不全，寫出來難免有錯別字。有一回，他在發公文的時候把「兗（ㄧㄢˇ）」字寫成了「袞（ㄍㄨㄣˇ）」。這兩個字長得是有點像，下面臣子眼尖看出來了，好心地上了個奏摺，特地告訴朱元璋這個錯別字。朱元璋絲毫不領情，堅決不認錯，非要說這分明就是同一個字，竟然一怒之下把對方給斬首了！此後再沒有人敢糾他的錯字。

除了自己寫了錯別字不讓人糾正，朱元璋還愛亂興文字獄，凡是有疑似揭他「底」的同音字統統都不能有，要是讓他看出一點類似諷刺他做過和尚啊、小賊啊之類的字眼，那只有一個結果──砍了！於是，很多文人將極佳的讚美之句獻給朱元璋這個不學無術的學渣皇帝，就是有可能會因為一字之差命喪黃泉啊！

敢說朕不識字？來人，把他拖出去砍了！

皇上饒命呀！

最有特色的遺詔

接下來獲獎的遺詔是……

帝王遺詔知多少

　　人固有一死，即便是九五之尊的帝王也不例外。帝王駕崩總是大同小異，然而他們在臨終前留下的遺詔卻是五花八門，值得玩味。

　　於是，一場「最有特色遺詔」競賽就在網上如火如荼地進行著。經過激烈的角逐，有五名皇帝的遺詔在投票中脫穎而出，分別獲得以下獎項──

Hi，「愛寫遺詔」皇帝！

原來你是這樣的皇帝

本期主角　嬴（一ㄥˊ）政

秦朝皇帝，中國歷史上第一個使用「皇帝」稱號的君主。中國古代政治家、戰略家、改革家，首次完成中國大一統的政治人物。秦始皇滅六國，結束戰國時期多國割據的局面，建立了中央集權統一的多民族國家，奠定了中國兩千餘年政治制度基本格局。著名的世界文化遺產萬里長城正是在他的命令下修築的，「世界第八大奇蹟」兵馬俑是他的陪葬陵墓。

小檔案

本名	嬴政
別稱	秦政、趙政、始皇帝、秦始皇
所處時代	秦朝
民族	華夏族
出生時間	西元前 259 年
去世時間	西元前 210 年
在位時間	西元前 247─前 210 年
年號	無

皇始帝　焚書坑儒　庚暴高傲　「長生不老」愛好者

◎ 秦朝

　　上承春秋戰國，下啟漢朝。中國歷史上第一個大一統王朝，結束了春秋戰國時期五百多年諸侯分裂割據的局面，是中國歷史上第一個中央集權制國家，對中國歷史產生了深遠影響。不過秦朝統一六國後僅存在了十多年就滅亡了。

秦始皇遺詔：最大影響獎

　　如果更嚴謹一點，真正得「最大影響獎」的並非秦始皇的真遺詔，而是被篡改之後的假遺詔。假遺詔在很大程度上改變了之後的歷史軌跡，而導致篡改事件發生的很大一部分原因，是這份遺詔所託非人。

　　當時秦始皇病重，只能口述遺詔，內容十分簡短，只有七個字：「與喪會咸陽而葬。」這遺詔是留給他大兒子扶蘇的，意思是讓扶蘇回咸陽主持葬禮，言外之意就是將皇帝之位傳給扶蘇。在場聽詔的人分別是他的小兒子胡亥（ㄏㄞˋ）、丞相李斯與掌有玉璽的宦官趙高。胡亥是趙高侍奉並且教導過的皇子，秦始皇不選擇胡亥繼承皇位的話，一旦扶蘇繼位，就沒有趙高的容身之地了。於是趙高扣下這份遺詔，說服胡亥與李斯，三人合謀把遺詔內容篡改了——令長子扶蘇和大將蒙恬自盡，幼子胡亥繼位。此內容與真遺詔完全相反。

　　可憐的扶蘇就因為這樣一份被篡改的假遺詔，不僅未能登基繼位，還丟了性命。而支持扶蘇的秦朝名將蒙恬不肯就死，一直被囚禁到扶蘇死後不久，和自己的弟弟蒙毅一起被處決了。這場篡改遺詔的陰謀發生在沙丘宮，因此被稱為「沙丘之謀」。秦始皇這份被篡改後發出的遺詔，對歷史的影響不可謂不大。如果具有政治遠見，且較為仁德的扶蘇能夠繼位，而非暴虐的胡亥，秦朝未必會二世而亡呢！

本期主角　朱翊鈞（一ˋ　ㄐㄩㄣ）

明朝第十三位皇帝，明穆宗朱載垕（ㄐㄧˋ）的第三個兒子。在位之初的十年，內閣首輔張居正主持政務，張居正實行了改革措施，使得社會經濟有很大的發展，開創了「萬曆中興」的局面。朱翊鈞 10 歲即位，在位 48 年，是明朝在位時間最長的皇帝。

小檔案

本名	朱翊鈞
別稱	萬曆皇帝、明神宗
所處時代	明朝
民族	漢族
出生時間	西元 1563 年 9 月 4 日
去世時間	西元 1620 年 8 月 18 日
在位時間	西元 1572 年 7 月 19 日—1620 年 8 月 18 日
年號	萬曆

明朝在位時間最長皇帝

不上朝　拜金高手　萬事不理

萬曆中興

明神宗朱翊鈞在位時出現的短暫中興局面主要歸功於張居正在朝政上的政績。朱翊鈞即位初期，張居正任首輔，從旁協助朱翊鈞。朱翊鈞年幼，對張居正極為信賴，所以張居正權力很大，能推行政令。張居正的政策使國家收入大增，商品經濟空前繁榮，科學巨匠迭出，社會風尚呈現出活潑開放的新鮮氣息，解決了國防邊患的問題，史稱「萬曆中興」。

萬曆皇帝遺詔：最大反轉獎

　　朱翊鈞愛財在皇帝圈裡是出了名的，所以他的遺詔自然也和錢財有關啦！不過他立的遺詔情況有些特殊，還得從他在萬曆三十年（西元1602年）生了一場重病說起。當時，朱翊鈞一病不起，以為自己活不了多久了，想起自己以往過分斂財，生怕自己死後名聲臭，就想用遺詔來彌補一番。

　　於是他鄭重其事地召見了內閣首輔沈一貫來交代後事。他對沈一貫說：「沈先生啊，朕這個病恐怕是好不了了。朕在位已經很久了，沒什麼可遺憾的。現在朕就把太子託付給你，你要輔佐太子做個好皇帝，多給他諫言，讓他勤政愛民。之前因為朕造的宮殿需要用錢才收了礦稅，現在可以傳令下去，宮殿建造和江南的織造、江西的陶器製造一起停了吧！這稅也不用繼續收了。還有，把之前因為建言獻策獲罪的大臣們都釋放出來，讓其官復原職，給事中、御史這些官職都按照之前奏請的來補充和任用吧！」

　　如此英明的臨終決定可讓大臣們樂壞了，興沖沖地按照朱翊鈞的吩咐擬好聖旨。但誰知朱翊鈞的病第二天又好轉了！朱翊鈞當即反悔，匆匆忙忙派了20多個使者出宮，追回「遺詔」，這可真是180度的大「反轉」啊！

　　誰會想到皇帝的遺詔還能被追回？朱翊鈞的「遺詔」選上最大反轉獎真是名副其實。不得不說的是，雖然朱翊鈞沒有將「遺詔」全部收回，但依然堅持收礦稅，讓他的守財奴本性顯露無遺啊！

Hi，「愛寫遺詔」皇帝！

本期主角　劉邦

劉邦出生在戰國末期的農家，只比秦始皇小三歲。年輕時是個不學無術的無賴，後來發憤圖強建立了漢朝。雖然他打仗的本領不如他的死對頭項羽，但他非常善用帝王權術，個人魅力很強，能夠知人善任，虛心納諫，充分發揮部下的才能，在治國方針上也高瞻（ㄓㄢ）遠矚（ㄓㄨˇ）。在中國歷史上，是一個聲望和評價都很高的皇帝。

小檔案

性格開朗　EQ高　交際高手　深謀遠慮

本名	劉邦
別稱	劉季、漢高祖、漢高帝
所處時代	西漢
民族	漢族
出生時間	西元前256年或前247年
去世時間	西元前195年6月1日
在位時間	西元前202—前195年
年號	無

楚漢相爭

是西楚霸王項羽、漢王劉邦互相爭奪天下的時代。

項羽是戰國時期楚國名將項燕的孫子，秦朝末年以復興楚國的名義起義，出身武將世家的他在戰場上極有天賦，從小沒受過什麼挫折，為人自負高傲。楚漢之爭最終以項羽敗亡，劉邦建立西漢王朝而告終。

劉邦遺詔：最有遠見獎

　　嬴政、朱翊鈞兩位帝王的遺詔被篡改的篡改，反悔的反悔，都不算成功，難道遺詔中就沒有好榜樣了嗎？答案是有的呀，劉邦的遺詔就相當富有遠見呢！他的遺詔大致可以分為兩部分，除了晚年時期的「白馬之盟」外，遺詔裡關於人事的安排已經達到「預測後事」的境界。他臨終時對兩代朝廷棟梁的變遷與江山安危的預測，全部都在之後的歲月裡被一一驗證，堪稱「神算」啊！不過這份遺詔可不是劉邦自己主動口述的，而是他的皇后呂后像擠牙膏一樣追著問出來的。

白馬之盟

　　劉邦與群臣以殺白馬的方式約定立下盟約，為古代盟誓方式之一，要殺牲取血，並用手指蘸（ㄓㄢˋ）血塗在嘴上，以示恪（ㄎㄜˋ）守盟約。劉邦與群臣立白馬之盟，是為了確保只有劉姓者可為王。這是作為鞏（ㄍㄨㄥˇ）固西漢中央政權的一種輔助手段。

　　楚漢相爭時期，劉邦為了打敗項羽，拉攏其他諸侯王，因此曾分封了一批異姓王，助他成就帝業。但劉邦認為異姓王不可信，僅能利用。

Hi，「愛寫遺詔」皇帝！

當 62 歲的劉邦病重在床時，呂后詢問他，丞相蕭何死後，還有誰能夠擔當這個重任。劉邦只吐出了曹參的名字，就沒有主動再往下說。呂后只好再問曹參之後還有誰，劉邦這才稍微打開了話匣子，說：「王陵吧。不過王陵這個人有些迂腐，過分剛直，不懂變通，可以讓陳平來輔佐他。但是陳平這個人有小聰明，卻難當大任，所以要讓周勃來幫助他。要讓周勃做太尉，因為未來能夠保障劉氏江山安穩的，必定是周勃了。」

　　其實劉邦將遺詔託付給野心勃勃的呂后並非最佳選擇，他所提到的陳平與周勃都有大軍在手，這才讓呂后忌憚（ㄉㄢˋ），讓她不得不按照劉邦的遺詔安排了人事：讓曹參接任蕭何的丞相之位，又陸續讓王陵做右丞相，陳平做左丞相，周勃為太尉。劉邦遺詔的遠見之處，就展現在這些大臣身上。曹參是劉邦的心腹，懂得進退周旋，能穩定住呂后勢力，彼此牽制。在曹參之後的王陵耿直，敢於和呂后硬碰硬，讓呂后為難。至於陳平計謀多，擁有兵權的周勃與他合謀之下，就可以在呂后死後呂氏一族作亂時，將他們一舉殲（ㄐㄧㄢ）滅。

　　這最後的結局，可不就驗證了劉邦所說的「安定劉氏江山的必定是周勃」嗎？這樣的遺詔真是遠見非凡啊！

★ 呂后

　　本名呂雉（ㄓˋ），西漢皇后，漢高祖劉邦的妻子，與唐朝的武則天並稱為「呂武」。呂后是秦始皇統一中國後，第一個後宮把持朝政的女性，也是歷史上有記載的第一位皇后和皇太后。她統治期間，實行黃老之術、與民休息的政策，實行無為而治，為後來的「文景之治」打下了很好的基礎。統治後期，呂后重用呂家兄弟姊妹，開啟了漢代外戚專權的先河。

本期主角　朱由檢

人稱崇禎（ㄓㄣ）帝，明朝第十六位皇帝，是明朝作為全國統一政權的最後一位皇帝，明光宗朱常洛的第五個兒子。即位之初，大力剷除閹（ㄧㄢ）黨，勤於政事，厲行節儉，平反冤獄。然而朝廷黨爭不休，民間災害不斷，導致明末農民起義爆發，關外的後金（清朝）政權趁勢崛起，國家處於內憂外患的境地。崇禎帝本來可以逃跑，但最後自殺殉（ㄒㄩㄣˋ）國。

無治國之謀

小檔案

本名	朱由檢
別稱	朱德約、明思宗、崇禎帝
所處時代	明朝
民族	漢族
出生時間	西元 1611 年 2 月 6 日
去世時間	西元 1644 年 4 月 25 日
在位時間	西元 1627 年 10 月 2 日－1644 年 4 月 25 日
年號	崇禎

勤快能幹

操盡了心

暴凶多疑

沒有當好皇帝的命

在崇禎之前的幾位明朝皇帝，不是前期勤政，懷著治理好國家的遠大理想，最後無心理政，一心斂財；就是沉迷木匠工作，立志當明朝最厲害的木器藝術家，對政治完全不感興趣。只有崇禎十七年如一日地工作，勤懇堪比老黃牛。可以說，他是繼明朝開國皇帝朱元璋後最敬業的明朝皇帝了。為了處理公文，崇禎可以徹夜不眠；去拜見祖母劉太妃時已經兩天沒睡覺，累到當場睡著；白天批奏摺，晚上還得看奏摺，連休息日也沒有；除此之外，還格外節儉，也宣導百官們節儉。他滿懷心中一腔熱血，想要治理好明朝江山，卻最終落敗在李自成手下，可真是空有一顆當好皇帝的心，卻沒有一個當好皇帝的命呀！

Hi，「愛寫遺詔」皇帝！　　095

崇禎帝遺囑：最佳牢騷獎

在某些方面，帝王的遺詔和普通人的遺囑一樣，就是對自己的身後事做個安排。唯一不同的是，帝王遺詔不僅是留給身邊親人看的，更多的是給臣民們一個交代，為國家社稷（ㄐㄧˋ）著想。但是崇禎帝卻與眾不同，他的遺詔是留給「逆賊」的，既不趕快安排國事，也不提及家事，反而先發牢騷。

在被李自成的起義逼上絕路後，崇禎選擇在景山的歪脖子樹上自縊（ㄧˋ），但他似乎又不甘心這麼不聲不響、沒留下一句話就了結自己的生命，於是在自己的衣服上用血寫下了一份遺詔。前面大半的篇幅都在抱怨，他認為自己的能力和品德都有不足，但主要原因是大臣們不夠忠心報國，欺上瞞下，貪生怕死，誤了國家大事，才導致李自成的起義直逼京城。「人之將死，其言也善」，這些牢騷不完全是崇禎在推卸責任。崇禎登基後，清除魏忠賢的閹黨集團，懲治貪官汙吏，勉勵官員為國盡忠……不得不說他很努力。他的臣子們也確實不夠有能力，難怪崇禎吐槽。

在遺詔中，他還說自己無顏面對老祖宗，因此摘掉了冠冕，用頭髮把自己的臉給蓋住；並告訴李自成可以把他分屍，但不要傷害那些無辜的百姓。剩下的兩句話雖然也很「無用」，卻從中能看出崇禎的愛國愛民之心。

本期主人公　曹操

東漢末年宰相，曹魏政權的奠定者，傑出的政治家、軍事家、文學家、書法家。喜歡用詩歌、散文來抒發自己的政治抱負，反映民生疾苦，是魏晉文學的代表人物。曹操去世後，他的二兒子曹丕（ㄆㄧ）取代東漢政權稱帝，追尊曹操為武皇帝。

小檔案

本名	曹操
別稱	阿瞞、吉利、曹孟德
所處時代	東漢
民族	漢族
出生時間	西元 155 年
去世時間	西元 220 年 3 月 15 日
在位時間	沒有真正意義上當過皇帝
年號	無

一代梟雄　疑心病重　寫詩高手　兵法愛好者

◎ 曹魏

　　三國時期的割據政權之一，國號為魏，因此史稱曹魏。三國之中最強大的國家。曹魏家族雖然以軍力起家，但在文學上具有相當成就，曹操和兒子曹丕、曹植都擅長寫詩，當時被稱作「三曹」，後世稱「建安文學」。曹魏政權到了後期，繼任的君主也頗有藝術造詣，如曹丕的孫子曹髦（ㄇㄠˊ）擅長詩文、繪畫，被譽為「才子」。

曹操遺詔：最顧家獎

提到曹操，大家對他的印象就是那個「挾（ㄒ一ㄚˊ）天子以令諸侯」的梟雄。不論是史書上、影視作品裡，還是小說演繹（一ˋ）中，曹操似乎都是一個為曹魏政權四處打拚的事業型男人形象，家庭之事則極少被提起。然而，就是這樣一名一生叱吒（ㄔˋ ㄓㄚˋ）風雲的人物，臨終遺言卻顯得絮絮叨叨，全是家長裡短、雞毛蒜皮的小事，對國事和天下局勢半句不提，儼（一ㄢˇ）然是一位顧家男人，實在讓人費解。

挾天子以令諸侯

原意是綁架天子，以號令天下的諸侯。挾制著皇帝，用皇帝的名義發號施令。現比喻用權勢者的名義發號施令。

西周初期，周王將一部分土地連同當地的人民當作封賞，褒（ㄅㄠ）獎有功之臣，這種制度被稱為分封制，被分封的臣子叫作諸侯。諸侯可以掌管、自治所屬的領地，但要服從周王的號令，按期納貢，隨同作戰，保衛王室。秦始皇統一六國後，廢棄了分封諸侯制度，把天下分為郡、縣，由朝廷派官員治理。

> 遺詔

建安二十五年（西元220年），曹操病倒，覺得自己活不久了，就開始交代後事，並且這後事還管得很「寬」。不僅交代自己死後的穿戴要和平時一樣，頭巾也千萬別忘記替他戴上，還規定官員們哭喪只要哭十五聲就行，連喪服脫下的時間也叮囑了。除此之外，他還把埋葬自己的風水寶地也想好了，就在鄴（ㄧㄝˋ）城西面的山岡，還要跟西門豹的祠堂靠近，並囑咐不必用金玉珍寶陪葬。交代完和自己相關的事情，他又想起自己的家人，說：「我用剩下的香可以分給各位夫人，她們沒有什麼事可做，就學著做鞋賣點錢吧……我留下的那些衣物，可以存放在別處；不能存放的，也可以給兄弟們用。」曹操連他的歌舞伎人都記著，也為他們安排了居處和生活，那就是居住在銅雀臺上為他獻舞。

帝王遺詔中，不談繼承人，不談朝臣人事安排，也不談自己統治時的功過得失，只談家事，曹操這恐怕算是獨一無二了，能不獲得「最顧家」獎嗎？

香在古代多值錢？

曹操身為東漢的宰相，一人之下萬人之上，除了平日勤懇工作外，休息日也沒有苦了自己，盡情享樂。由此看出，曹操並不缺錢，家底還蠻豐厚的。但為什麼他去世前交代後事時，卻如此小氣，只把香分給他的夫人們呢？這是因為，當時的香不像現在這樣價格「平易近人」，算是非常貴重了。他不僅在家不隨意點香，還拿香當作送諸葛亮的禮物。當時，香是宮廷及富貴人家才用得起的東西，唐朝時還有比較誰存的香更好的風氣。宋元兩朝時期，進口商品中香料占比70%。因此可以看出香在古代中國的稀有性。

> 錢又花完了，抄個家補充一下國庫吧！

貪財帝們的花樣斂財法

　　除了皇位，其他官位都標明價碼！
　　逃命不忘建金庫，還認為腐敗有理！
　　找個志同道合的皇后一起撈錢！
　　抄家是賺零用錢最快捷的好辦法！
　　坐擁天下的帝王本應什麼都不缺，然而這些「五行缺錢」的貪財帝們卻愛財如命，利用皇權花樣翻新地斂財，頭腦實在太「靈光」！
　　來見識見識他們的花樣斂財法吧！

Hi，貪財皇帝！

原來你是這樣的皇帝

本期主角　劉宏

東漢第十二位皇帝。在位期間特別寵信、依賴宦官，甚至將宦官比作父母，導致宦官當權。劉宏只知道吃喝玩樂，巧立名目搜刮錢財，甚至買賣官職，賺錢用於自己享樂。

小檔案

本名	劉宏
別稱	漢靈帝
所處時代	東漢
民族	漢族
出生時間	西元 157 年，一作西元 156 年
去世時間	西元 189 年 5 月 13 日
在位時間	西元 168 年 1 月 21 日—189 年 5 月 13 日
年號	建寧、熹平、光和、中平

沉迷享樂

荒淫無度

不問政事

奇葩（ㄆㄚ）

◎ 東漢

　　中國歷史上繼西漢之後又一個大一統的中原王朝，傳 8 世 14 帝，共計 195 年，與西漢統稱兩漢。

　　東漢在文化、科技、軍事、佛教等方面成就非凡，文化上鄭玄將經學推向高峰並開創鄭學；科技上蔡倫改進造紙術，張衡發明地動儀和渾天儀；軍事上迫使北匈奴西遷；佛教在此期間傳入中國。

賣官好賺錢

別看漢靈帝劉宏登基時還是一個少年，但人家深知擁有一個屬於自己的小金庫多麼重要。為此，他想出了雁過拔毛的招數，對於各地進貢來的財物和國民上交的稅，他都要自己先抽幾成利，然後再把剩下的錢收入國庫。要知道，每年各地的進貢與稅收，那是一筆大數目，所以劉宏多抽上幾次，也就富得流油了。

這位年輕的皇帝相當有危機意識，不僅用這些錢來買房購地，以求保值乃至升值，還將這筆錢作為創業基金，在宮裡大做買賣！這買賣是怎麼做的呢？也許是少年人玩心重，劉宏選了一種最為熱鬧的方式——建造「商店街」。在這條「宮廷商店街」上，充當商家與買主的都是妃嬪宮女或者侍從太監，劉宏自己當然也沒閒著，努力在「商店街」裡兜售自己的奇珍異寶，把它們都換成白花花的銀子。但這種買賣方式說到底還是羊毛出在羊身上，再加上許多值錢貨都被宮人們悄悄偷去，所以「商店街」的資金鏈很快就斷了。

然而，在初次創業失敗、本金敗光的情況下，劉宏並不氣餒，而是另尋商機。這一次，他吸取了「商店街」的教訓，不再以物換錢，改成了用官位換錢。這對於皇帝來說倒真是無本買賣，只賺不賠。

根據《漢書》記載，劉宏除了他自己坐的這個皇位不賣，其他的官位都被標明價碼，詳細列出了一個價位表。當然了，這個價格也不是定死的，要是搶手，那就是價高者得。若是買官者走後門，還能拿一個折扣價。劉宏還規定就算是朝廷任命的官員，也得交上一筆「當官費」，相當於要為朝廷白做二、三十年。很想為國家、百姓做事的官員，也得養家餬口，於是許多沒家底的官員只能棄官而逃，更有官員被逼自殺。

劉宏大約是覺得賺錢歸賺錢，鬧出人命就不好聽了，所以下令暫緩交納這筆費用。但賣官這個斂財的方法，劉宏可以說是毫不動搖地走到了自己的生命盡頭，讓他賺得好幾桶金，真是「貪財有方」啊！

本期主角　李适（ㄍㄨㄚ）

唐朝第九位皇帝〔除武則天和唐殤（ㄕㄤ）帝外〕。在位初期，以強明自任，嚴禁宦官干政，廢除租庸調制，改行「兩稅法」，頗有一番中興氣象。執政四年後發生「奉天之難」叛亂，此後委任宦官為禁軍統帥，在全國範圍內增收間架、茶葉等雜稅，導致民怨日深、政局轉壞。

小檔案

本名	李适
別稱	唐德宗
所處時代	唐朝
民族	漢族
出生時間	西元 742 年 5 月 27 日
去世時間	西元 805 年 2 月 25 日
在位時間	西元 779 年 6 月 12 日—805 年 2 月 25 日
年號	建中、興元、貞元

平庸無奇　運氣好　貪財頭子　好名貪功

◎ 唐朝

中國歷史上繼隋朝之後的大一統中原王朝，共歷 21 帝，共計 289 年，是當時世界上最強盛的國家之一，聲譽遠播，與歐亞國家均有往來。因此，海外多稱中國人為「唐人」。當時的女性地位相對較高，可自由結婚和離婚。與世界許多國家的文化交流非常頻繁，經濟、社會、文化、藝術呈現出多元化、開放性等特點。詩、書、畫、樂等方面出現許多名家，如「詩仙」李白、「詩聖」杜甫、「詩魔」白居易，書法家顏真卿，「畫聖」吳道子，音樂家李龜年等。

腐敗很正常

當大部分皇帝都在治理腐敗、懲治貪官時，卻有一位帝王反其道而行之，認為腐敗有理，還勸說大臣受賄，這位特立獨行的皇帝就是唐德宗李适。你說李适是不是瘋了？絕對不是！因為他斂起財來一點都不含糊。他之所以對腐敗採取寬容態度，恐怕還源自一種「推己及人」的心態——大家都喜歡錢，貪汙腐敗都是為了錢嘛。

李适斂財的花樣雖說沒有漢靈帝劉宏那樣多，但愛財之心絕不比劉宏少。光從他逃亡之餘都不忘建立自己的小金庫，就可見一斑了。當時由於兵變，李适被迫出逃到奉天避難，卻始終忘不掉長安皇宮中兩座金庫裡被亂軍搶光的那些金銀財寶。以至於他的圍困剛解除，就好了瘡口忘了痛，忍不住重操舊業，在行宮裡也打造了兩座金庫，並掛上霸氣的匾（ㄅㄧㄢˇ）額，分別叫作「瓊林」和「大盈」。

但凡各地進獻給朝廷的財物，都會堆放到金庫裡去，成為李适的私房錢。宰相陸贄（ㄓˋ）發現後，為此專門寫了一篇動之以情、曉之以理的文章，請求李适趕緊把兩座金庫裡的財物拿出來犒（ㄎㄠˋ）賞將士，補給軍需。李适無奈，只得命人摘了牌匾，撤掉金庫。

回到長安之後，看著空金庫，李适怎麼可能不想方設法把它填滿呢？於是他暗中示意各地官員進貢給他，進貢越多的人升官越快。這名義上是進貢，其實不就是變相受賄嗎？所以，當清廉正直的陸贄再次站出來反對時，李适反倒勸陸贄別和錢過不去，這大錢不能收，那些個小禮物還是可以收下的嘛。

> 皇上，您要造一艘船的成本價是五十萬啊，您這給太多了。

> 剩下是你們的回扣，看著分吧。

　　在公開指導臣子如何收賄方面，李适只怕也能算上「千古一帝」了。他不僅對收賄受賄看得很開，對收回扣這件事也表現出了充分的理解，並且拿出實際行動來支持。有一回，李适想製造一艘漕（ㄘㄠˊ）運船，經過計算得知一艘船的預算費用是五十萬，他竟慷慨地拿出了一百萬資金！原因就是他認為參與造船的人多多少少都是要拿點回扣的，如果只給剛好的五十萬，那大家豈不是就不能收回扣了？所以他就按照自己平日裡從國庫抽成的比例，制定了一個「科學」的回扣比例，批出了原價的兩倍，真是「最體諒員工的好老闆」啊！

本期主角　李存勗

李存勗是個打仗高手，在軍事方面善於謀略，但他僅有「軍頭腦」，沒有「治國頭腦」，稱他為「治國廢物」也不過分。為父報仇後，沒了目標的他開始沉溺於聲色，不僅治國無方，用人也無方，還縱容皇后干政。他是一位好將軍，卻不是一位好皇帝。

小檔案

本名	李存勗
別稱	李存勖、李天下、唐莊宗
所處時代	五代十國
民族	沙陀族
出生時間	西元 885 年 12 月 2 日
去世時間	西元 926 年 5 月 15 日
在位時間	西元 923—926 年
年號	同光

擅長謀略　治國廢物　熱愛表演　打仗高手

打江山易，守江山難

李存勗的確是一位傑出的軍事家，卻缺乏遠大的政治眼光。雖然他在繼位後也曾實行過一番的改革，但也只是頭痛醫頭、腳痛醫腳的應急之策。他血戰二十年，無論哪方面表現，都是一位出類拔萃的英明首領，但他的勳業卻只維持了兩年六個月，就國破身死。他是一個傳奇式的人物：在前半生，他用熱血與勇氣打造了一個國家；而後半生，他用樂器和斂財摧毀了一個王朝。

夫妻齊撈錢

　　都說夫妻之間有共同語言很重要,那麼唐莊宗李存勗和他的皇后劉氏最一致的興趣愛好就是撈錢!而且李存勗找的這位皇后,在貪財程度上,與他相比有過之而無不及。

　　出於揮霍需要,李存勗重用貪官來橫征暴斂,並且把國家的財政收入分成了兩塊,州縣上交的小錢收入歸外庫,也就是國庫,拿來支持國家運轉;而藩鎮進獻的大錢收入則充入內庫,也就是李存勗夫婦的小金庫,用來支撐他們奢靡的宮廷生活。這樣的做法,當然會導致國家用錢捉襟見肘,帝后用錢卻揮金如土。然而日常的內庫收入仍是無法滿足這對貪財的帝后,李存勗還學會了「超前消費」,預支了河南第二年的賦稅來大興土木,吃喝玩樂,完全不顧百姓死活。

> 又來收稅?可是昨天剛交了今年的稅啊!

> 今天收的是明年的稅。

藩鎮　也稱方鎮,是唐朝中後期設立的軍鎮,為了保衛自身安全,防止邊陲(ㄔㄨㄟˊ)各異族的進犯。藩是「保衛」之意,鎮是指軍鎮。

◇ 捉襟見肘 ◇

本意是拉一下衣襟就露出手肘，形容衣服破爛。現多用於比喻顧此失彼，窮於應付。

例句：他收入不高，生活上過得捉襟見肘。

但劉皇后還是嫌棄自己的丈夫賺的錢不夠多，就認了一個「土豪」義父，收取官員賄賂，同時做起了經銷的生意，派人販賣商品，自己從中抽成。她還利用自己皇后的身分為這些商品打廣告，以求能夠暢銷，真是「一切向錢看」。

這對帝后夫唱婦隨，一起撈錢，撈得不亦樂乎，卻苦了百姓和軍中將士。時日久了，眼看著軍隊糧餉（ㄒㄧㄤˇ）都發不出去了，宰相只能請求帝后先拿出一些內庫的金銀撫慰將士，把眼前的難關度過去。但對於劉皇后來說，這錢一旦進到她自己手裡，就絕對沒有再給出去的可能。於是她只是翻箱倒櫃地拿出兩個銀盆來裝窮，讓宰相拿去賣掉應急。反觀李存勖，在最後一刻倒是比劉皇后開竅，想犧牲自己的小金庫激勵軍心。畢竟只要這皇位還在，小金庫遲早能再賺回來嘛。

只可惜，將士們已經不領情，一切都太遲了⋯⋯。

不得不說的是，後來李存勖在亂軍中身亡，劉皇后竟也無心去看自己丈夫最後一眼，只是收拾金銀細軟就跑路了，無情得可怕啊！

請您認我做義女吧！

本期主角　朱翊鈞

朱翊鈞前期執政時，有明臣張居正監督，他勵精圖治，奮發圖強。張居正死後，朱翊鈞試圖在政績上超越張居正，但並不如人意，他從此不上早朝，導致國家運轉幾乎停擺。再加上明朝黨爭長期持續，導致朝政日益腐敗。另外，朱翊鈞強徵礦稅導致民不聊生。此時，東北的建州女真開始崛起，明朝逐漸走向滅亡。

小檔案

本名	朱翊鈞
別稱	萬曆皇帝、明神宗
所處時代	明朝
民族	漢族
出生時間	西元 1563 年 9 月 4 日
去世時間	西元 1620 年 8 月 18 日
在位時間	西元 1572 年 7 月 19 日—1620 年 8 月 18 日
年號	萬曆

不上早朝

斂財高手

明朝在位時間最長皇帝

萬事不理

三十年不早朝

朱翊鈞是明朝在位時間最長的皇帝，一共在位 48 年。同時，他也是明朝不上朝時間最長的皇帝，長達 30 年裡不理朝政，不僅不上朝，還不批奏摺，對大臣反映的問題裝作沒聽到。不過重要事情，他還是會出來主持的。朱翊鈞不上早朝，起因是他想廢長立幼，但大臣們不同意，堅持立他的大兒子朱常洛為太子，甚至連太后也反對。朱翊鈞沒有別的辦法，只好罷朝來抗議。然而最後他也未能如自己所願，還是立了朱常洛為太子。

Hi，貪財皇帝！

抄家最快捷

人們常常用愛民如子來讚揚明君，朱翊鈞卻可以用「愛錢如命」來形容。他斂財的方式不只在前人基礎上加以改進，還有自行創新的，到了「只有想不到，沒有做不到」的境界！

> 皇上，小皇子生病啦！

> 胡說什麼？我的兒子是錢！錢怎麼會生病呢？

之前的貪財皇帝們多半是從收上來的稅款中抽成，中飽私囊，但朱翊鈞卻不滿足於此，派了大批的稅監，親自到民間強力徵稅。為了能讓皇帝數錢數到手軟，這批稅監巧立名目，增加稅收項目，到處擺放徵稅關卡，甚至連災區都不放過。有官員上表請求暫時免稅，一毛不拔的朱翊鈞卻表示該徵還得徵啊，稅額打個九折已經很給面子了。除此之外，朱翊鈞覺得市面上流通的銀子太少，必須「開源」，於是下令開挖銀礦。一時間，全國的礦產都被他朱翊鈞承包了。光是收稅和開礦這兩項，就讓朱翊鈞在八年內收入三百萬兩。

當然了，對於貪財者來說賺錢是無止境的，所以朱翊鈞不僅把手伸向民間百姓，也同樣不放過政府官員。一方面，他以各種理由要求政府部門進貢給自己，連妃子生個女兒都要戶部包給他十萬兩紅包作為賀禮。至於公主和皇子的嫁娶之事，那要獻上的賀禮數額就更大了。另一方面，他十分鼓勵官員們拿錢來孝敬他，孝敬的數目和忠心程度畫上等號。官員偶爾犯了錯也不要緊，記得「破財消災」──及時獻上一大筆錢給皇上，不但能免罪，說不定還能升官呢。於是乎，能用錢解決的問題，在朱翊鈞在位期間，還真的都不是問題。

> 皇上，上週我不小心犯的錯，您看……

> 好辦，不追究你的責任，還給你官升三級！

不過，和唐德宗李适那「有錢大家一起撈」的理念不同，朱翊鈞是十分苛待官員的。他動不動就剋扣大臣們的薪資，還把主意打到了人家的家產上，將抄家當成了賺零用錢的好辦法。因為把抄家所得據為己有，在朱翊鈞看來，可比從國庫裡支取要方便多啦！

筆記頁

筆記頁

國家圖書館出版品預行編目(CIP)資料

原來歷史是這樣【皇帝上朝】/程琳著;熊慧賓繪. -- 初版.
-- 臺北市:五南圖書出版股份有限公司,2025.07
　　面;　　公分
ISBN 978-626-423-475-7(平裝)

1.CST：帝王　　2.CST：傳記　　3.CST：通俗作品
4.CST：中國

782.27　　　　　　　　　　　　　　　114006848

ZX3Q
原來歷史是這樣【皇帝上朝】

作　　者	程　琳
繪　　者	熊慧賓
編輯主編	黃文瓊
責任編輯	吳雨潔
文字校對	盧文心、溫小瑩
封面設計	張巧儒
內文編排	張巧儒
出 版 者	五南圖書出版股份有限公司
發 行 人	楊榮川
總 經 理	楊士清
總 編 輯	楊秀麗
地　　址	106 臺北市大安區和平東路二段339號4樓
電　　話	(02) 2705-5066
傳　　真	(02) 2706-6100
網　　址	https：//www.wunan.com.tw
電子郵件	wunan@wunan.com.tw
劃撥帳號	01068953
戶　　名	五南圖書出版股份有限公司
法律顧問	林勝安律師
出版日期	2025年7月初版一刷
定　　價	320元

中文繁體版通過成都天鳶文化傳播有限公司代理，由山西人民出版社有限公司授予五南圖書出版股份有限公司獨家出版發行，非經書面同意，不得以任何形式複製轉載。

※版權所有·欲利用本書內容，必須徵求本公司同意※

全新官方臉書
五南讀書趣
WUNAN Books since1966

Facebook 按讚
1秒變文青

★ 專業實用有趣
★ 搶先書籍開箱
★ 獨家優惠好康

五南讀書趣 Wunan Books

不定期舉辦抽獎
贈書活動喔！！！

經典永恆・名著常在

五十週年的獻禮——經典名著文庫

五南，五十年了，半個世紀，人生旅程的一大半，走過來了。
思索著，邁向百年的未來歷程，能為知識界、文化學術界作些什麼？
在速食文化的生態下，有什麼值得讓人雋永品味的？

歷代經典・當今名著，經過時間的洗禮，千錘百鍊，流傳至今，光芒耀人；
不僅使我們能領悟前人的智慧，同時也增深加廣我們思考的深度與視野。
我們決心投入巨資，有計畫的系統梳選，成立「經典名著文庫」，
希望收入古今中外思想性的、充滿睿智與獨見的經典、名著。
這是一項理想性的、永續性的巨大出版工程。
不在意讀者的眾寡，只考慮它的學術價值，力求完整展現先哲思想的軌跡；
為知識界開啟一片智慧之窗，營造一座百花綻放的世界文明公園，
任君遨遊、取菁吸蜜、嘉惠學子！